DIE LEHREN DER EẞENER

VON HENOCH ZU DEN SCHRIFTROLLEN VOM TOTEN MEER

VON
EDMOND BORDEAUX SZÉKELY

HERAUSGEGEBEN VON
DR. JÖRG BERCHEM

Joyful-Life

Aus dem Englischen übersetzt von Jörg Berchem. Titel der englischen Ausgabe: *„The Teachings of the Essenes - From Enoch to the Dead Sea Scrolls."*

Anmerkung: Abweichend von der häufig zu sehenden Schreibweise „Eßener" (aus dem englischen *„Essenes"*), nutzen wir hier die Schreibweise „Eßener", um das Doppel-S zu vermeiden, das im Deutschen bei kurzen Vokalen steht. Unsere Schreibweise lehnt sich somit an die korrekte Aussprache an: [ɛˈseːnə].

Bibliographische Angaben

Székely, Edmond Bordeaux (Autor); Berchem, Jörg (Hrsg.):
Die Lehren der Eßener
Von Henoch zu den Schriftrollen vom Toten Meer

ISBN: 978-3-7597-7553-5

Bibliografische Information der Deutschen Nationalbibliothek:
Die Deutsche Nationalbibliothek verzeichnet diese Publikation in der Deutschen Nationalbibliografie; detaillierte bibliografische Daten sind im Internet über http://dnb.dnb.de abrufbar.
Die automatisierte Analyse des Werkes, um daraus Informationen insbesondere über Muster, Trends und Korrelationen gemäß §44b UrhG („Text und Data Mining") zu gewinnen, ist untersagt.

© 2024 Jörg Berchem

Verlag: BoD · Books on Demand GmbH,
In de Tarpen 42, 22848 Norderstedt
Druck: Libri Plureos GmbH,
Friedensallee 273, 22763 Hamburg

All denen gewidmet, die verstehen,
dass Frieden für das Ganze von der
Anstrengung jedes Einzelnen abhängt.

INHALT

Vorwort des Herausgebers

Als Edmond Bordeaux Székely seine Bücher über seine Entdeckungen in alten Schriften veröffentlichte, waren die Schriften von Qumran noch nicht entdeckt. In den Jahrzehnten nach der ersten Veröffentlichung von Székelys Büchern wurden viele Publikationen über „die Eßener" populär und viel diskutiert. Diese späteren Publikationen beziehen sich jedoch auf die Eßener von Qumran, eine recht dogmatische Gemeinschaft, eine von vielen ihrer Zeit. Székelys Bücher über die Eßener beziehen sich nicht auf jene Eßener, die am Ufer des Toten Meeres lebten.

Der Begriff „Eßener" bezieht sich auf viele verschiedene spirituelle Gemeinschaften, die ihr Leben einem spirituellen Dasein und dem Kommen des Messias widmeten. Wenn Székely von den „Eßenern" spricht, bezieht er sich auf zwei spezifische Gemeinschaften: eine in Ägypten, die „Therapeutae", die in Alexandria nahe dem See Mareotis lebten, und die andere, die am Berg Karmel im ehemaligen Königreich Israel (nicht Juda) lebte.

Die „Therapeutae", die Eßener des Sees Mareotis, waren für ihre Heilkunst bekannt, und es heißt, dass Maria und Josef mit dem Jesuskind nach Ägypten flohen, um dem Kindermord durch Herodes zu entkommen, aber auch, damit Jesus von ihnen unterrichtet werden konnte. Die Eßener vom Berg Karmel waren Nazarener. Diese Eßener gehörten zur „Schule der Propheten" und nannten sich die Beni-Amen („Söhne Gottes"). Sie lebten nicht im Zölibat, Frauen wurden als gleichwertig angesehen, und viele der Regeln, die für die Eßener von Qumran galten, trafen auf sie nicht zu. Es war unter ihnen, im Königreich Israel, dass Yahuwshua-ha-Masshiach, also Jesus der Messias, erschien. Dies war der Hauptzweig der Eßener im „Heiligen Land", deren Älteste und Lehrer in der Natur lebten: in Zelten und Höhlen, nahe der Höhle des Elias, die noch heute im Berg Karmel existiert.

„Eßener" existierten damals nicht als Begriff, da über diese Gruppen kaum etwas bekannt war und die berühmten Schriften von Qumran, die heute teilweise in Israel ausgestellt sind, noch nicht entdeckt, geschweige denn übersetzt waren. Zu der Zeit, als Székely seine Bücher schrieb, existierte diese Verwirrung über den Namen nicht. Heute, nach den wissenschaftlichen und esoterischen Diskussionen, Veröffentlichungen und Ausstellungen der Qumran-Schriften, bezieht sich der Begriff „Eßener" meist auf diese Gruppe, die in Qumran lebte. Daher erscheint es klug, diesen Begriff in den von Edmond Bordeaux Székely geschriebenen Büchern zu vermeiden. Aber wie könnte dies geschehen? Welche Alternativen haben wir?

Das griechische Wort θεραπευτής [therapeutés], das „Gottesdiener" bedeutet, ist wahrscheinlich die beste Wahl. Dieser Begriff wird von Philo von Alexandria in der ersten Hälfte des ersten Jahrhunderts in seiner Schrift „*De Vita contemplativa*" („Über das kontemplative Leben") verwendet.

Wir wissen nicht viel über den Verbleib der ursprünglichen Texte, die der Autor nach eigenen Angaben übersetzt hat. Daher können wir die Originale nicht als Referenz heranziehen, um bei Unsicherheiten die Bedeutung zu überprüfen. Wir sind vollständig auf Székelys Werk angewiesen – auf seine Interpretation und Beschreibung des Eßenerlebens, ohne dass Originaltexte zitiert werden. Daher können wir nicht immer sicher sein, was Interpretation ist, was seiner Fantasie im Zusammenhang mit dem Text entspringt oder was historische Tatsachen sind.

Andere Quellen sind nicht hilfreich, da die meisten Autoren über andere Gemeinschaften schreiben und unterschiedliche Textquellen verwenden. Die typischerweise zitierten Qumran-Schriften bestehen eher aus Lücken als aus lesbaren Texteinheiten.

Ist es von Bedeutung, ob wir die Ursprünge von Székelys Transkriptionen zurückverfolgen können? Vielleicht sind solche Fakten für Historiker wichtig, und das Fehlen expliziter Details über die ursprünglichen Schriften stellt für sie eine bedeutende Ambiguität dar. Für uns, die wir die spirituelle Schönheit und Bedeutung in Székelys Werk sehen, ist solche Kritik unbedeutend, insbesondere in Anbetracht seines Lebenswerks und Verhaltens.

Diese Schriften und Bücher können mehr sein als nur eine Bereicherung für unser Leben, sie können eine Offenbarung sein. Sie verbinden uns wieder mit dem, was wir wirklich sind. Sie füllen die Lücken der gängigen Buchreligionen, besonders in Bezug auf Mystik und die Verbundenheit mit der Natur.

In dem vorliegenden Text ist häufig von Engeln die Rede. Dieser Umstand verdient eine genauere Betrachtung.

Im Eßener Friedensevangelium wird der Begriff „Engel" auf eine einzigartige Weise verstanden, die sich vom traditionellen Konzept der Engel als übernatürliche Wesen unterscheidet. In diesem Text werden Engel eher als personifizierte oder symbolische Kräfte der Natur und des Universums dargestellt, die verschiedene Aspekte des Lebens und der Schöpfung repräsentieren.

So werden Engel oft als personifizierte Naturkräfte beschrieben. Diese „Engel" symbolisieren Elemente wie Luft, Wasser, Erde und Sonne sowie andere Aspekte der Natur wie Leben, Freude und Liebe. Jeder dieser Engel steht für eine bestimmte Kraft oder ein Prinzip, das im natürlichen Universum wirkt.

Die Engel im Eßener Friedensevangelium sind auch geistige Führer und Lehrer, die den Menschen helfen, in Harmonie mit der Natur und den kosmischen Gesetzen zu leben. Durch das Verständnis und die Verbindung mit diesen Engeln können Individuen spirituelles Wissen erlangen und inneren Frieden finden.

Das Evangelium spricht von den „Engeln der Erdenmutter" und den „Engeln des Himmlischen Vaters". Die Engel der Erdenmutter sind mit den physischen Aspekten der Natur und des Lebens verbunden, während die Engel des Himmlischen Vaters spirituelle Prinzipien und himmlische Gesetze repräsentieren.

Der Text betont, dass die Menschen in Harmonie mit den Engeln leben sollten, was bedeutet, im Einklang mit den Naturkräften und den kosmischen Gesetzen zu leben. Dies führt zu einem Leben in Gesundheit, Frieden und spiritueller Erfüllung.

Zusammenfassend werden die Engel im Eßener Friedensevangelium also nicht so sehr als übernatürliche Wesen verstanden, sondern vielmehr als personifizierte oder symbolische Kräfte der Natur und des Kosmos, die den Menschen helfen und sie leiten, ein harmonisches Leben im Einklang mit der Schöpfung zu führen.

In Székelys Übersetzung finden wir zwei Engelnamen, die zu Diskussionen oder Zweifeln Anlass geben könnten. Neben dem „Engel der Mutter Erde" finden wir den „Engel der Erde". Auf den ersten Blick scheint dies ein Synonym zu sein. Doch dem ist nicht so. Der „Engel der Mutter Erde" beschreibt den Kanal zum weiblichen göttlichen Prinzip, ebenso wie der „Engel des Himmlischen Vaters" den Kanal zum männlichen göttlichen Prinzip beschreibt. Der „Himmlische Vater" ist nicht der Himmel mit Wolken und Sternen, sondern das Konzept des Himmels. Die Erdenmutter, „Mutter Erde", sind nicht Ozeane und Landmassen, sondern das dahinterstehende Konzept. Es ist die Charakteristik Gottes, dargestellt durch das Weibliche, Nährende, Gebärende der Mutter Erde. Der „Engel der Erde" hingegen bezieht sich auf die Erde als unsere Umgebung. Er bezieht sich eher auf „Boden", was in vielen Sprachen ein Synonym ist. Unter Berücksichtigung dessen ist es leicht zu verstehen, wenn man den Text selbst liest und „Engel des Erdbodens" versteht.

Auch der „Engel der Arbeit" erfordert eine nähere Betrachtung. Heutzutage denken wir bei Arbeit an Erwerbsarbeit, also daran, unsere Lebenszeit, Körperkraft und geistigen Fähigkeiten an einen Arbeitgeber zu verkaufen. Nichts davon existierte in den Gemeinschaften der Eßener, die weder Sklaverei noch Lohnarbeit kannten. Für sie ist Arbeit die Tätigkeit, die zur Pflege des Heiligen Gartens verrichtet wird, ein Begriff, der sich auf ihre Gemeinschaft bezieht. Arbeit bedeutete für sie jede soziale, geistige, körperliche Aktivität, die dem Erhalt der Menschheit diente. Das konnte Feldarbeit sein, das Kopieren oder Rezitieren von Schriften, Musizieren oder Dichten, Kochen, therapeutische Arbeit usw., alles nach dem Einen Gesetz. Deshalb wird der Ausdruck „kreative Arbeit" manchmal anstelle von „Arbeit" verwendet, und dieser Ausdruck sollte wahrscheinlich bevorzugt werden.

Laut dem Autor wurde jede Kommunion mit den Engeln von den Eßenern an einem bestimmten Wochentag praktiziert. Das Muster ist jedoch eine Frage des sozialen Konsenses und daher willkürlich. Während ein Jahr, ein Monat und ein Tag astrologische Zeiteinheiten sind, ist eine Woche eine Zeiteinheit, die mit keinem natürlichen Phänomen in Verbindung steht. Die Wahl, sieben Tage in eine Woche zu packen, ist symbolisch, wahrscheinlich im Zusammenhang mit den sieben Kommunionen, die in diesem Buch beschrieben werden.

Da wir nicht in derselben kulturellen Umgebung wie die Eßener leben, ist es ratsam, die Kommunionen von ihren ursprünglichen Zuordnungen zu bestimmten Wochentagen zu lösen. Jeder Benutzer der Eßener-Lehren und Praktizierende der Kommunionen kann somit sein eigenes System finden und die Kommunionen mit Mutter Erde und dem Himmlischen Vater an die Feiertage seiner kulturellen Umgebung anpassen. Daher haben wir uns entschieden, die Verbindungen zu bestimmten Wochentagen im Text zu löschen.

Am Ende des Buches geben wir einen Überblick über die ursprünglichen Zuordnungen, wie sie in Székelys Büchern erwähnt werden, und schlagen ein System vor, das dem gängigen christlichen System angepasst ist, indem die Kommunionen mit dem Himmlischen Vater und der Mutter Erde auf unser Wochenende gelegt werden. So beginnt der „Feiertag" mit den Kommunionen mit dem Himmlischen Vater am Samstagabend und setzt sich mit der Kommunion mit Mutter Erde am Sonntagmorgen fort, nach dem ursprünglichen System, in dem ein neuer Tag mit dem Sonnenuntergang beginnt. Auf diese Weise bleibt unser Wochenende und unser üblicher Ruhetag, an dem man vielleicht in die Kirche geht, der Tag, der der direkten Hingabe an Gott gewidmet ist.

Zur besseren Übersicht und angenehmeren Lesbarkeit haben wir einige Änderungen an der Reihenfolge der Kapitel und Verbesserungen bei ihrer Nummerierung vorgenommen.

Dr. Jörg Berchem
September 2024

Über den Autor

Edmond Bordeaux Székely, Enkel von Alexandre Székely, einem bedeutenden Dichter und unitarischen Bischof von Cluj, ist ein Nachkomme von Csoma de Körös, einem transsilvanischen Reisenden und Philologen, der vor über 150 Jahren die erste Grammatik der tibetischen Sprache und das erste Englisch-Tibetische Wörterbuch erstellte und sein unvergleichliches Werk "*Asiatic Researches*" schrieb. Er war auch Bibliothekar der *Royal Asiatic Society* in Indien. Dr. Bordeaux erhielt seinen Doktortitel von der Universität Paris und weitere Abschlüsse von den Universitäten Wien und Leipzig. Außerdem hatte er Professuren für Philosophie und experimentelle Psychologie an der Universität Cluj inne. Als bekannter Philologe in Sanskrit, Aramäisch, Griechisch und Latein sprach Dr. Bordeaux zehn moderne Sprachen. 1928 gründete er die *International Biogenic Society* zusammen mit dem Nobelpreisträger und Autor Romain Rolland. Zu seinen wichtigsten Übersetzungen gehören neben ausgewählten Texten aus den Schriftrollen vom Toten Meer und dem "Eßener Evangelium des Friedens" (über eine Million Exemplare in 26 Sprachen) auch ausgewählte Texte aus dem "Zend Avesta" und aus präkolumbianischen Kodizes des alten Mexiko. Seine letzten Werke über den Eßener Weg des biogenen Lebens haben weltweit Interesse geweckt.

Zitiert von der Original-Buchrückseite

Als Inspiration und Lehrer der Archeosophie und des biogenen Lebens für viele Menschen auf der ganzen Welt verstarb der „Professor" (wie er von seinen Schülern genannt wurde) im Jahr 1979.

Vorwort des Autors

Die verschiedenen Kapitel dieses Buches basieren auf Material, das den Funden der Schriftrollen vom Toten Meer im Jahr 1947 vorausgeht. In den zwanzig Jahren davor, von 1927 bis 1947, schrieb und veröffentlichte ich eine Reihe von Büchern über die Eßener, die auf bestimmten historischen Quellen wie den Werken von Josephus Flavius, Philo und Plinius sowie auf Manuskripten in der Bibliothek des Vatikans, der Bibliothek der Habsburger in Wien und der Bibliothek des British Museum beruhen. In diesen Büchern konzentrierte ich mich auf die Eßener-Traditionen, die ich für den modernen Menschen von großem praktischem Wert halte.

Als die ersten Entdeckungen in Qumran bekannt wurden und viele mich drängten, eine Interpretation dieser neuen Funde zu veröffentlichen, beschloss ich, dies in zwei Bänden zu tun. Dieser erste Band fasst das Wesentliche der Eßener-Traditionen aus vor-Qumran-Quellen zusammen. Der zweite Band wird sich ausschließlich mit den neuen Entdeckungen befassen.

Das vorliegende Werk behandelt die Bedeutung der Eßener-Traditionen in Bezug auf ihren Wert für die Menschheit heute und die tatsächlichen Praktiken, die zu einer Bewusstseinserweiterung führen. Diese Werte lassen sich aus vier Gesichtspunkten betrachten:

Die Eßener-Traditionen stellen eine Synthese der großen Beiträge zur Menschheit der verschiedenen Kulturen der Antike dar.

Sie bieten uns einen Weg, der von der einseitigen utilitaristischen Technologie der modernen Zivilisation wegführt, hin zu einer gültigen und praktischen Lehre, die alle Energiequellen, Harmonie und Wissen nutzt, die uns überall umgeben.

Sie geben uns dauerhafte Maßstäbe in einer Zeit, in der die Wahrheit in einem fortwährenden Wandel von Konzepten zu verschwinden scheint.

Diese daraus resultierende Neurose und Unsicherheit wird durch die Eßener-Lehren in vollständiges Gleichgewicht und Harmonie gebracht.

Es ist bemerkenswert, dass A. Powell Davies in seinem Buch „The Meaning of the Dead Sea Scrolls" über die Eßener sagt: „Die christliche Kirche in ihrer Organisation, ihren Sakramenten, ihrer Lehre und ihrer Literatur ist mit den Neuen Bundesschließern[1]

---

1 Die "Neuen Bundesschließer" (im Englischen *New Covenanters*") waren eine religiöse Gemeinschaft, die als Teil der Eßener betrachtet wird. Dieser Begriff verweist auf Gruppen, die sich auf einen "neuen Bund" mit Gott beriefen, ähnlich wie es später im Christentum geschah. Diese Gemeinschaften lebten nach strengen Regeln und betrachteten sich als auserwählt, um einen neuen Bund mit Gott einzugehen, der sie von anderen religiösen Gruppen ihrer Zeit abgrenzte.

In den Schriftrollen vom Toten Meer, die in Qumran gefunden wurden, wird häufig vom „Bund" gesprochen. Die Eßener verstanden sich als die wahren Anhänger des „Bundes", die nach strengen religiösen und ethischen Vorschriften lebten, um sich auf das Kommen des Messias vorzubereiten. Die „Neuen Bundesschließer" bezogen sich auf diesen Bund als eine Erneuerung oder Neuausrichtung ihrer Beziehung verwandt – und in ihren frühen Phasen mag sie sogar identisch gewesen sein – die als Eßener bekannt waren, von denen einige die Schriftrollen vom Toten Meer verfasst haben."

Ebenso bedeutend in den vor-Qumran-Traditionen der Eßener ist das Vorhandensein bestimmter zoroastrischer Elemente, ein Umstand, den ich bereits früher vertreten habe und den auch Arnold Toynbee in einer kürzlich veröffentlichten Schrift hervorhob. Sie zeigen eine ähnliche Verbindung zu späteren Lehren wie denen der Kabbala und der Freimaurerei. Ihr einzigartigstes Element, das anscheinend unabhängig entwickelt wurde, ist ihre Wissenschaft der Engelologie.

Die Zitate aus dem „Handbuch der Disziplinen" und den „Dankpsalmen" oder dem „Liederbuch" habe ich aus fotostatischen Kopien der in den Höhlen von Qumran gefundenen Originaltexte übersetzt.

Edmond Bordeaux Székely
San Diego, Kalifornien, 1957

---

zu Gott, im Gegensatz zum herkömmlichen Bund, den das jüdische Volk als Ganzes hatte. Sie sahen sich als die wahren Bewahrer der Reinheit dieses Bundes.

Es wird spekuliert, dass die „Neuen Bundesschließer" in den frühen Phasen des Christentums möglicherweise große Überschneidungen oder sogar direkte Verbindungen zu den ersten christlichen Gemeinden hatten, da beide Gruppen das Konzept eines „neuen Bundes" mit Gott betonten, der durch moralisches Verhalten und spirituelle Hingabe aufrechterhalten wurde.

Das Gesetz wurde im Garten der Bruderschaft gepflanzt, um das Herz des Menschen zu erleuchten und ihm alle Wege wahrer Gerechtigkeit zu ebnen: ein demütiger Geist, ein ausgeglichenes Gemüt, eine frei mitfühlende Natur und ewige Güte sowie Verständnis und Einsicht, und mächtige Weisheit, die an all die Werke Gottes glaubt, und ein zuversichtliches Vertrauen in Seine vielen Segnungen und ein Geist des Wissens über alle Dinge der Großen Ordnung, treue Gefühle gegenüber allen Kindern der Wahrheit, eine strahlende Reinheit, die alles Unreine verabscheut, sowie Diskretion in Bezug auf alle verborgenen Dinge der Wahrheit und Geheimnisse des inneren Wissens.

Aus dem „Handbuch der Disziplin"
der Schriftrollen vom Toten Meer

Und Henoch wandelte mit Gott; und er war nicht mehr, denn Gott nahm ihn hinweg.

Genesis 5:24

Kapitel 1

Die Eßener und ihre Lehren

Seit den fernen Zeiten der Antike existiert eine bemerkenswerte Lehre, die universell anwendbar und zeitlos in ihrer Weisheit ist. Fragmente davon finden sich in sumerischen Hieroglyphen sowie auf Fliesen und Steinen, die etwa acht- bis zehntausend Jahre alt sind. Einige der Symbole, wie die für Sonne, Mond, Luft, Wasser und andere Naturkräfte, stammen aus einer noch früheren Zeit, vor der Katastrophe, die das Pleistozän beendete. Wie viele Tausende von Jahren vor dieser Zeit die Lehre existierte, ist unbekannt.

Das Studium und die Praxis dieser Lehre erwecken im Herzen eines jeden Menschen ein intuitives Wissen, das seine individuellen Probleme und die Probleme der Welt lösen kann. Spuren dieser Lehre sind in fast jedem Land und jeder Religion aufgetaucht. Ihre grundlegenden Prinzipien wurden im alten Persien, Ägypten, Indien, Tibet, China, Palästina, Griechenland und vielen anderen Ländern gelehrt. Am reinsten wurde sie jedoch von den Eßenern überliefert, jener mysteriösen Bruderschaft, die in den letzten zwei bis drei Jahrhunderten vor Christus und im ersten Jahrhundert der christlichen Ära am

Toten Meer in Palästina und am See Mareotis in Ägypten lebte. In Palästina und Syrien waren die Mitglieder der Bruderschaft als Eßener bekannt, in Ägypten als *Therapeutae* oder Heiler.

Der esoterische Teil ihrer Lehre ist im „Baum des Lebens", den „Kommunionen" und dem „Siebenfachen Frieden" enthalten. Der exoterische oder äußere Teil erscheint in „Das Eßener Evangelium des Friedens", „Genesis, eine Eßener Interpretation", „Moses, der Prophet des Gesetzes" und „Die Bergpredigt".

Der Ursprung der Bruderschaft soll unbekannt sein, und die Herkunft des Namens ist ungewiss. Einige glauben, er stamme von Enoch oder Henoch, und behaupten, er sei ihr Gründer gewesen, dem die erste Kommunion mit der Engelwelt gegeben wurde. Andere denken, der Name komme von Esrael, den Auserwählten des Volkes, denen Mose die Kommunionen am Berg Sinai brachte, wo sie ihm von der Engelwelt offenbart wurden.

Unabhängig von ihrem Ursprung ist es sicher, dass die Eßener über eine lange Zeit als Bruderschaft existierten, möglicherweise unter anderen Namen in anderen Ländern. Die Lehre erscheint im Zend Avesta von Zarathustra, der sie in eine Lebensweise übersetzte, die Tausende von Jahren befolgt wurde. Sie enthält die grundlegenden Konzepte des Brahmanismus, der Veden und der Upanishaden, und die Yoga-Systeme Indiens stammen aus derselben Quelle. Buddha verkündete später im Wesentlichen die selben Grundideen, und sein heiliger Bodhi-Baum steht in Verbindung mit dem Eßener Baum des Lebens. In Tibet fand die Lehre erneut ihren Ausdruck im tibetischen Rad des Lebens.

Die Pythagoräer und Stoiker im antiken Griechenland folgten ebenfalls den Eßener-Prinzipien und großen Teilen ihrer Lebensweise. Diese Lehre war auch ein Element der adonischen Kultur der Phönizier, der alexandrinischen Philosophenschule in Ägypten, und sie trug maßgeblich zu vielen Zweigen der westlichen Kultur bei, einschließlich der Freimaurerei, des Gnostizismus, der Kabbala und des Christentums. Jesus interpretierte sie in ihrer erhabensten und schönsten Form in den sieben Seligpreisungen der Bergpredigt.

Die Eßener lebten an den Ufern von Seen und Flüssen, fernab von Städten und Dörfern, und praktizierten eine gemeinschaftliche Lebensweise, in der alles gleichmäßig geteilt wurde. Sie waren hauptsächlich Landwirte und Obstbauern, die über ein umfassendes Wissen über Pflanzen, Boden- und Klimabedingungen verfügten, was es ihnen ermöglichte, eine große Vielfalt an Obst und Gemüse in vergleichsweise wüstenartigen Gebieten und mit minimalem Aufwand anzubauen.

Sie hatten weder Diener noch Sklaven und sollen das Sklaventum sowohl in der Theorie als auch in der Praxis als erste Menschen verurteilt haben. Es gab keine Reichen und keine Armen unter ihnen, da beide Zustände von ihnen als Abweichungen vom

Gesetz betrachtet wurden. Sie etablierten ihr eigenes Wirtschaftssystem, das vollständig auf dem Gesetz basierte, und zeigten, dass alle Nahrungs- und materiellen Bedürfnisse des Menschen ohne Kampf durch das Wissen des Gesetzes erfüllt werden können.

Sie verbrachten viel Zeit mit dem Studium alter Schriften und speziellen Wissenschaften, wie Erziehung, Heilkunst und Astronomie. Sie galten als Erben der chaldäischen und persischen Astronomie und der ägyptischen Heilkunst. Sie waren geübt in der Prophezeiung, auf die sie sich durch längeres Fasten vorbereiteten. Auch im Umgang mit Pflanzen und Kräutern zur Heilung von Mensch und Tier waren sie versiert.

Sie lebten ein einfaches, regelmäßiges Leben, standen jeden Tag vor Sonnenaufgang auf, um zu studieren und mit den Kräften der Natur in Verbindung zu treten, badeten in kaltem Wasser als Ritual und kleideten sich in weiße Gewänder. Nach ihrer täglichen Arbeit auf den Feldern und in den Weinbergen nahmen sie ihre Mahlzeiten schweigend ein, die sie mit einem Gebet begannen und beendeten. Sie ernährten sich ausschließlich vegetarisch und verzehrten niemals Fleisch oder vergorene Getränke. Ihre Abende widmeten sie dem Studium und der Kommunion mit den himmlischen Kräften.

Der Abend markierte den Beginn ihres Tages, und ihr Sabbat oder heiliger Tag begann am Freitagabend, dem ersten Tag ihrer Woche. Dieser Tag war dem Studium, Diskussionen, der Unterhaltung von Besuchern und dem Spielen bestimmter Musikinstrumente gewidmet, von denen Repliken gefunden wurden.

Ihre Lebensweise ermöglichte es ihnen, ein hohes Alter von 120 Jahren oder mehr zu erreichen, und es wurde ihnen eine außergewöhnliche Kraft und Ausdauer nachgesagt. In all ihren Aktivitäten drückten sie kreative Liebe aus. Sie entsandten Heiler und Lehrer aus ihren Bruderschaften, unter denen sich Elias, Johannes der Täufer, Johannes der Geliebte und der große Eßener-Meister, Jesus, befanden.

Die Mitgliedschaft in der Bruderschaft war erst nach einer einjährigen Probezeit und drei Jahren Einweihungsarbeit möglich, gefolgt von weiteren sieben Jahren, bevor die vollständige innere Lehre übermittelt wurde.

Berichte über die Lebensweise der Eßener sind in den Schriften ihrer Zeitgenossen überliefert. Plinius, der römische Naturforscher, Philo, der alexandrinische Philosoph, Josephus, der jüdische Historiker und Soldat, Solanius und andere sprachen von ihnen auf unterschiedliche Weise: als „ein Volk für sich, bemerkenswerter als jedes andere in der Welt", als „die ältesten der Eingeweihten, die ihre Lehren aus Zentralasien erhielten", als „eine Lehre, die über einen immensen Zeitraum weitergegeben wurde", und als „unveränderliche Heiligkeit".

Ein Teil der äußeren Lehren ist in aramäischen Texten im Vatikan in Rom erhalten. Einige Texte in slawischer Sprache wurden im Besitz der Habsburger in Österreich gefunden und sollen im 13. Jahrhundert von nestorianischen Priestern, die vor den Horden von Dschingis Khan flohen, aus Asien gebracht worden sein.

Echos dieser Lehre existieren heute in vielen Formen, in Ritualen der Freimaurer, im siebenarmigen Leuchter und im Gruß „Friede sei mit dir", der seit der Zeit Moses verwendet wird.

Angesichts ihres Alters und ihrer Beständigkeit durch die Zeitalter ist offensichtlich, dass diese Lehre nicht das Konzept eines Einzelnen oder eines Volkes sein konnte, sondern die Interpretation einer Reihe großer Lehrer des Gesetzes des Universums ist, des Grundgesetzes, ewig und unveränderlich wie die Sterne in ihrem Lauf, dasselbe jetzt wie vor zwei- oder zehntausend Jahren und genauso anwendbar heute wie damals.

Die Lehre erklärt das Gesetz, zeigt, wie die Abweichungen des Menschen davon die Ursache all seiner Probleme sind, und gibt die Methode, durch die er seinen Weg aus diesem Dilemma finden kann.

Du hast mir Deine tiefen, geheimnisvollen Dinge kundgetan. Alle Dinge existieren durch Dich, und es gibt keinen neben Dir. Durch Dein Gesetz hast Du mein Herz geleitet, damit ich meine Schritte auf den rechten Pfaden lenke und dort wandle, wo Deine Gegenwart ist.

Aus dem Buch der Hymnen VII
der Schriftrollen vom Toten Meer

Das Gesetz wurde gepflanzt, um die Kinder des Lichts mit Heilung und reichlichem Frieden zu belohnen, mit langem Leben, mit fruchtbarem Samen ewiger Segnungen, mit ewiger Freude in der Unsterblichkeit des ewigen Lichts.

Aus dem „Handbuch der Disziplin"
der Schriftrollen vom Toten Meer

Kapitel 2

Das Eine Gesetz

Die Lehren, die Moses auf dem Berg Sinai offenbarte, wurden 1500 Jahre später von den Eßener-Bruderschaften in Palästina und Ägypten praktiziert. Um seine Lehren zu verstehen, muss man die Bedeutung der Eßener-Praktiken für den heutigen Menschen erkennen.

Moses war der Geber des Gesetzes, des Einen Gesetzes. Er begründete den Monotheismus, der nicht nur das Fundament der Eßener-Bruderschaften, sondern auch der gesamten westlichen Zivilisation wurde. Die verlässlichsten Informationen über seine Lehren stammen von diesen Bruderschaften.

Ihre Tradition teilt sein Leben in drei Phasen, die symbolisch für die Erfahrungen eines jeden Menschen stehen. In den ersten vierzig Jahren, in denen er als Prinz Ägyptens lebte, folgte er dem Weg der Tradition und erwarb alle verfügbaren Bildung und Kenntnisse. Er studierte die Rituale von Isis, Amon-Ra und Osiris, die Lehren von Pta Hotep, das ägyptische Totenbuch und östliche Traditionen, die nach Ägypten kamen, dem damaligen kulturellen Zentrum der Welt. Doch in all seinem Studium fand er kein inneres dynamisches Prinzip, das das Universum und die Probleme des Lebens erklärt.

In der zweiten Phase seines Lebens verbrachte er vierzig Jahre in der Wüste und folgte dem Weg der Natur, indem er das Buch der Natur studierte, wie es viele große Genies und Propheten taten, darunter auch Jesus. In der Weite und Stille der Wüste wurden ihm große innere Wahrheiten offenbart. In dieser Phase entdeckte Moses das Eine Gesetz, die Gesamtheit aller Gesetze. Er erkannte, dass dieses Eine Gesetz alle Erscheinungen des Lebens und des Universums regierte. Für ihn war es das größte Wunder, zu erkennen, dass alles unter einem einzigen Gesetz funktioniert. Diese Gesamtheit nannte er das Gesetz, mit einem großen „G".

Er erkannte, dass der Mensch in einem dynamischen, sich ständig verändernden Universum lebt; Pflanzen und Tiere wachsen und vergehen, Monde nehmen zu und ab. Es gibt keinen statischen Punkt in der Natur oder im Menschen. Moses verstand, dass das Gesetz in ewiger Veränderung besteht und dass hinter dieser Veränderung ein Plan von kosmischer Ordnung in großem Maßstab steckt.

Er kam zu der Erkenntnis, dass das Gesetz die größte und einzige Macht im Universum ist und dass alle anderen Gesetze und Dinge Teil dieses einen Gesetzes sind. Das Gesetz unterliegt keinem anderen Gesetz und ist ewig, unzerstörbar und unbesiegbar. Jede Pflanze, jeder Baum, jeder menschliche Körper oder jedes Sonnensystem hat seine eigenen Gesetze – mathematische, biologische und astronomische –, aber die eine höchste Macht, das Gesetz, steht hinter all diesen Dingen.

Das Gesetz regiert alles, was im Universum und allen anderen Universen geschieht, alle Aktivitäten, alle Schöpfung, geistig oder körperlich. Es regiert alles, was in physischer Manifestation existiert, Energie und Macht, Bewusstsein, Wissen, Gedanken, Gefühle und alle Realität. Das Gesetz erschafft das Leben und die Gedanken.

Die Summe allen Lebens auf allen Planeten im Universum wurde von den Eßenern als kosmischer Ozean des Lebens bezeichnet. Und die Gesamtheit aller Gedankenströme im Universum wurde als kosmischer Ozean des Denkens bezeichnet, oder in modernerer Terminologie als kosmisches Bewusstsein.

Dieser kosmische Ozean des Lebens und des Denkens bildet eine dynamische Einheit, von der der Mensch ein untrennbarer Teil ist. Jeder menschliche Geist ist in ständiger innerer Verbindung mit dieser Einheit. Jeder Mensch ist ein individualisierter Teil der Einheit. Diese Einheit ist das Gesetz, das Ewige Licht, von dem Moses sprach.

Moses sah überall, wie das Gesetz gebrochen wurde. Ägypten war ohne Rücksicht auf das Gesetz aufgebaut worden. Trotz der großen militärischen und politischen Macht der Nation gab es kein Gesetz der Gleichheit. Überall herrschten Elend und Sklaverei; Reiche und Arme litten gleichermaßen unter Unterdrückung, Seuchen und Plagen. Moses erkannte, dass Unwissenheit gegenüber dem Gesetz und den Gesetzen der Natur für all das Leid verantwortlich war und dass sowohl die Herrscher als auch das Volk gleichermaßen Schuld trugen.

Moses erkannte, dass alles, was als Ergebnis einer Abweichung vom Gesetz geschaffen wird, sich selbst zerstört und mit der Zeit verschwindet. Nur das Gesetz ist ewig.

Die dritte Phase seines Lebens, der Exodus, begann, als Moses beschloss, den Rest seines Lebens der Verwirklichung und Anwendung des Gesetzes zu widmen und die Menschheit mit diesem in Einklang zu bringen. Ihm war klar, wie groß die Aufgabe war, sowohl die unwissenden Massen als auch die arroganten Herrscher dazu zu bringen, das Gesetz zu akzeptieren und im Einklang mit ihm zu leben. Alle Weltverbesserer stehen scheinbar unüberwindlichen Hindernissen gegenüber, wenn reine Ideen auf den Widerstand des menschlichen Geistes und die Macht der etablierten Strukturen treffen. Dies stellt eine Revolution des Dynamischen gegen das Statische dar, der höheren Werte gegen die Pseudowerte, der Freiheit gegen die Sklaverei, und dies ist nicht auf eine bestimmte Zeit in der Geschichte oder auf die Menschheit als Ganzes beschränkt, sondern tritt immer wieder im Leben des Einzelnen auf.

Als Moses erkannte, dass er die ägyptischen Herrscher oder das Volk nicht ändern konnte, wandte er sich der kleinen Minderheit der versklavten und unterdrückten Israeliten zu, in der Hoffnung, sie zu bekehren und eine neue Nation zu gründen, die vollständig auf dem Gesetz basierte. Er ist die einzige Figur in der Geschichte der Menschheit, die eine solche Nation begründete.

Moses sah das Universum als eine gigantische Kosmische Ordnung, in der unerschöpfliche Energiequellen, Wissen und Harmonie dem Menschen zur Verfügung standen. Er erinnerte sich immer an die beiden Legenden seines Vorfahren Jakob, der mit einem Engel gekämpft und ihn besiegt hatte und später eine Vision von Engeln hatte, die auf einer Leiter zwischen Himmel und Erde auf- und abstiegen. Er identifizierte diese Engel als die Kräfte der Natur und die Mächte des menschlichen Bewusstseins und sah, dass diese Kräfte und Mächte das verbindende Glied zwischen Mensch und Gott waren. Er identifizierte Gott mit dem großen universellen Gesetz.

Er kam zu dem Schluss, dass der Mensch, um zu Gott zu gelangen, zuerst Herr über alle Kräfte werden muss, die Manifestationen Gottes, des Gesetzes, sind. Er wollte sein Volk "stark im Gesetz" machen, was die Bedeutung des Wortes Israel ist. Und er wollte ein System des Lebens schaffen, das es ihnen ermöglichen würde, die Engel zu besiegen, so wie es ihr Vorfahre Jakob getan hatte. Dies war die

Grundlage der okkulten Wissenschaft, wie sie heute genannt wird, der Wissenschaft der Engel, die später als Engelologie aufgezeichnet wurde.

Moses wollte, dass seine Anhänger erkennen, dass sie in jedem Augenblick ihres Lebens und in jedem Teil ihres Seins in ständigem Kontakt mit allen Kräften des Lebens und des sichtbaren und unsichtbaren Universums stehen; und wenn sie diese Kräfte bewusst kontaktieren und sich ihrer bewusst werden, werden sie vollkommene Gesundheit, Glück und Harmonie im Körper, Geist und in jedem Bereich ihres Lebens erfahren.

Die Methode, diese Kräfte zu kontaktieren, war auf die beiden Steintafeln eingraviert, die er vom Berg Sinai herabbrachte, aber er zerstörte sie, als er feststellte, dass die Massen seines Volkes nicht bereit für die Lehre waren, ebenso wenig wie die Massen der Menschheit heute bereit dafür sind und es vielleicht noch viele Generationen lang nicht sein werden. Aber den wenigen, die bereit waren, lehrte er die Methode, die auf den Tafeln gegeben war, die Kommunionen mit den Engeln, die durch die Jahrhunderte in den Eßener-Bruderschaften bewahrt wurde und auch heute noch vom Menschen praktiziert werden kann.

Dies war ein Teil der esoterischen Lehre, die Moses gegeben und in den Eßener-Bruderschaften fünf Jahrhunderte vor der christlichen Ära praktiziert wurde.

In späteren Eßener-Traditionen wurde die abstrakte Idee des Gesetzes durch das Symbol eines Baumes dargestellt, der Baum des Lebens genannt wurde. Moses hatte eine große Offenbarung erhalten, als er den brennenden Dornbusch in der Wüste sah. Dieser stellte zwei Aspekte des universellen Lebens dar: Wärme und Licht. Die Wärme des Feuers symbolisierte das Feuer des Lebens, die Vitalität in der materiellen Welt. Das Licht, das das menschliche Bewusstsein symbolisierte, stellte das Licht der Weisheit im Gegensatz zur Dunkelheit der Unwissenheit im immateriellen Universum dar. Zusammen repräsentierten sie das gesamte Universum und die Idee, dass der Mensch im Zentrum steht und Leben und Vitalität aus allen Kräften des Kosmos zieht.

Die Eßener symbolisierten diese Lehre in ihrem Baum des Lebens, der ihnen in konkreter Form zeigte, dass der Mensch eine Einheit aus Energie, Gedanken und Emotionen ist und eine Lebenskraft, die ständig mit der Gesamtheit der Energien im Universum kommuniziert. Moses wünschte sich, dass der Mensch in Harmonie mit den Gesetzen lebt, die all diese Energien innerhalb und außerhalb des Menschen regeln, und dass er sich ihrer bewusst wird und sie in jedem Moment seines Lebens nutzt.

In seinem Studium der Gesamtheit des Gesetzes erlangte Moses ein intuitives Wissen über den Ursprung der Welt und den Anfang aller Dinge. Aus diesem Anfang leitete er die Gesetze für das tägliche Leben ab. Er erkannte, dass alle Dinge Teile des

Ganzen sind, die gemäß dem Gesetz zusammenge-
setzt sind; und die sieben Elemente oder Grundkräfte des Lebens erschienen in sieben großen Schöp-
fungszyklen, wobei in jedem Zyklus ein Element
auftauchte. Er ordnete die Tage der Woche einem
entsprechenden Zyklus von sieben zu, wobei er jeden Tag einem der verschiedenen Elemente zuord-
nete. Dies wurde in den Eßener-Traditionen durch
den siebenarmigen Leuchter symbolisiert, dessen
Kerzen jeden siebten Tag, dem Sabbat, entzündet
wurden, um den Menschen an die sieben Zyklen
und die sieben Grundkräfte der sichtbaren Welt sowie die sieben Grundmächte der unsichtbaren Welt
des menschlichen Bewusstseins zu erinnern.

Die drei Phasen im Leben von Moses, in denen er
das Gesetz und seine Manifestationen entdeckte,
repräsentieren die drei Phasen, in die das Leben fast
jedes Menschen eingeteilt werden kann. Die erste,
Ägypten, wird als die Zeit der Knechtschaft, der
Dunkelheit der Unwissenheit bezeichnet, in der der
freie Fluss der vitalen Energie durch Unwissenheit
und falsche Werte behindert wird. Das Ägypten der
Menschheit, seine Sklaverei, besteht in der Gesamtheit seiner Abweichungen vom Gesetz.

Die zweite Phase im Leben von Moses entspricht
der Wüste im Leben eines Einzelnen, wenn seine
falschen Werte wegfallen und er vor sich nur Leere
sieht. In dieser Phase benötigt der Mensch am drin-
gendsten innere Führung, damit er seinen Weg zurück zum Licht, zum Gesetz, findet.

Die dritte Phase, der Exodus, ist für jeden Menschen möglich. Es gibt immer das Licht, das den Weg zum Exodus weist. Das Ägypten der Knechtschaft des Menschen ist niemals ewig. Der Exodus unter Moses dauerte vierzig Jahre, aber er war nur der Anfang auf dem Weg der Intuition, dem Weg, das Leben in Harmonie mit den Gesetzen des Lebens, der Natur und des Kosmos zu lernen. Ein Exodus für die Menschheit kann nur durch die kumulativen Anstrengungen vieler Menschen über viele Generationen hinweg erreicht werden.

Aber er kann erreicht werden, und er wird erreicht werden. Es gibt immer ein Kanaan, das keine mythische Utopie ist, sondern eine lebendige Realität. Der Exodus ist der Weg, der nach Kanaan führt, der Weg, den Moses gegangen ist, der Weg, den die Eßener-Praktiken erleuchten.

Ich danke Dir, Himmlischer Vater, weil Du mich an eine Quelle fließender Ströme gestellt hast, an einen lebendigen Quell in einem Land der Dürre, der einen ewigen Garten der Wunder bewässert, den Baum des Lebens, das Geheimnis aller Geheimnisse, der ewige Zweige wachsen lässt für ewiges Pflanzen, um ihre Wurzeln in den Strom des Lebens aus einer ewigen Quelle zu senken.

Und Du, Himmlischer Vater, beschütze ihre Früchte mit den Engeln des Tages und der Nacht und mit den Flammen des ewigen Lichts, die in alle Richtungen brennen.

Aus den Danksagepsalmen
der Schriftrollen vom Toten Meer

Kapitel 3

Der Eßener Baum
des Lebens

Der Mensch hat, soweit Aufzeichnungen zurückreichen, erkannt, dass er von unsichtbaren Kräften umgeben ist. Kultur um Kultur der Vergangenheit hat er eine bestimmte Symbolik verwendet, um des Menschen Beziehung zu diesen Kräften auszudrücken, in deren Mitte er sich bewegt. Dieses mystische Symbol, das in fast allen Religionen und okkulten Lehren verankert ist, wird der Baum des Lebens genannt. In äußeren Legenden und innerer Weisheit haben sich die tiefsten Intuitionen des Menschen um dieses Symbol konzentriert.

Zoroaster betrachtete es als das Gesetz selbst, und es bildete den Kern seiner Philosophie und Denkweise. In den verborgenen Lehren von Moses, im Eßener Buch Genesis, war es der Baum der Erkenntnis im Garten Eden, der von Engeln bewacht wurde. Die Eßener nannten ihn den Baum des Lebens.

Zu den früheren Konzepten des Baumes fügten die Eßener hinzu, was die alten Schriftsteller Engelologie (Engelskunde) nannten. Diese Wissenschaft der Engel wurde von den Eßenern in ihrer Bruderschaft in Palästina hervorgebracht. Ihre Engel waren die Kräfte im Universum.

Viele der alten Völker wussten, dass diese unsichtbaren Kräfte eine Quelle von Energie und Macht waren und dass das Leben des Menschen durch den Kontakt mit ihnen aufrechterhalten wurde. Sie wussten, dass der Mensch, je mehr er in der Lage war, diese Kräfte zu nutzen, umso weiter in seiner individuellen Entwicklung von Körper und Geist voranschreiten würde. Und indem er sich in Harmonie mit diesen Kräften begab, würde sein Leben gedeihen. Einige Menschen wussten nicht nur von diesen Kräften, sondern hatten auch spezielle Methoden, um mit ihnen in Kontakt zu treten und sie zu nutzen.

In vielen Ländern wurden diese Kräfte als zweierlei Art angesehen, gut und böse, und als ewig im Widerstreit miteinander. Zoroaster beschrieb in seinem Zend Avesta die Ahuras und Fravashis als die guten Kräfte, die für immer gegen die bösen Khrafstras und Devas kämpften. Die Tolteken in Mexiko und Zentralamerika hatten ein Weltbild, in dem die guten Kräfte die Armee von Quetzalcoatl, der Gefiederten Schlange, waren, und die bösen Kräfte die Armee von Tezcatlipoca, dem Jaguar. In den Tolteken-Piktogrammen wurden diese beiden Armeen als im ständigen Konflikt miteinander dargestellt. In den zoroastrischen und toltekischen Konzepten kämpften die zerstörerischen Kräfte immer gegen die konstruktiven.

Das Konzept der Eßener unterschied sich von diesen und anderen Weltbildern dadurch, dass es nur die positiven und konstruktiven Kräfte im Universum anerkannte. Die Engel der Eßener entsprachen den guten Kräften von Zoroaster, den Ahuras und Fravashis, sowie den guten Kräften der Tolteken, der Armee von Quetzalcoatl. Es wurde angenommen, dass es die Rolle des Menschen im Universum sei, die guten, positiven Kräfte so zu stärken, dass die bösen, negativen Kräfte überwunden würden und von der Erde verschwinden.

Der Eßener Baum des Lebens repräsentierte vierzehn positive Kräfte, von denen sieben himmlische oder kosmische Kräfte waren und sieben irdische oder terrestrische Kräfte. Der Baum wurde so dargestellt, dass er sieben Wurzeln hatte, die tief in die Erde reichten, und sieben Äste, die sich zum Himmel erstreckten, was die Beziehung des Menschen sowohl zur Erde als auch zum Himmel symbolisierte.

Der Mensch wurde in der Mitte des Baumes dargestellt, auf halbem Weg zwischen Himmel und Erde. Die Verwendung der Zahl sieben war ein integraler Bestandteil der Eßener-Tradition, die auf verschiedene Weise in die westlichen Kulturen überliefert wurde, wie zum Beispiel die sieben Tage der Woche.

Jede Wurzel und jeder Ast des Baumes repräsentierte eine andere Kraft oder Macht. Die Wurzeln standen für irdische Kräfte und Mächte: die Erdenmutter, den Engel der Erde, den Engel des Lebens, den Engel der Freude, den Engel der Sonne, den Engel des Wassers und den Engel der Luft. Die sieben Äste repräsentierten kosmische Mächte: den Himmlischen Vater und seine Engel des Ewigen Lebens, der Kreativen Arbeit, des Friedens, der Kraft, der Liebe und der Weisheit. Dies waren die Eßener Engel der sichtbaren und unsichtbaren Welten.

In der alten hebräischen und mittelalterlichen Literatur wurden diesen himmlischen und irdischen Kräften oder Engeln Namen gegeben, wie Michael, Gabriel und so weiter; und in religiöser Kunst wurden sie als menschliche Gestalten mit Flügeln und in wallenden Gewändern dargestellt, wie in den Fresken von Michelangelo.

Der Mensch, in der Mitte des Baumes, wurde als von allen Kräften oder Engeln des Himmels und der Erde umgeben gesehen, wie in einem Magnetfeld. Er wurde in einer Meditationshaltung dargestellt, wobei die obere Hälfte seines Körpers über dem Boden und die untere Hälfte in der Erde war. Dies deutete darauf hin, dass ein Teil des Menschen mit den Kräften des Himmels und ein Teil mit den Kräften der Erde verbunden ist. Dieses Konzept ähnelt stark dem von Zoroaster, der das Universum als ein Rahmenwerk von Reichen darstellte, mit dem Menschen im Zentrum und den verschiedenen Kräften über und unter ihm. Es entspricht auch dem toltekischen Ritual, das auf den Stufen ihrer Pyramiden durchgeführt wurde, mit dem Menschen inmitten aller Kräfte.

Diese Position des Menschen im Zentrum des Baumes, mit den irdischen Kräften unter ihm und den himmlischen Kräften über ihm, entspricht auch der Anordnung der Organe im physischen Körper. Der Magen-Darm-Trakt und die Fortpflanzungsorgane im unteren Teil des Körpers, als Instrumente der Selbsterhaltung und Selbstvermehrung, gehören zu den irdischen Kräften. Dagegen gehören die Lungen und das Gehirn im oberen Teil des Körpers, als Instrumente des Atmens und Denkens, zu den feineren Kräften des Universums, die den Menschen mit diesen verbinden.

Der Kontakt mit den Engelskräften, die durch den Baum des Lebens repräsentiert werden, war das Wesentliche im täglichen Leben der Eßener. Sie wussten, dass sie, um in Harmonie mit diesen Kräften zu sein, bewusst daran arbeiten mussten, mit ihnen in Kontakt zu treten. Die alten Schriftsteller beschrieben die Eßener als ein äußerst praktisches Volk. Ihre Konzepte waren nicht nur theoretisch; sie wussten genau, wie sie sich der Kräfte um sie herum ständig bewusst sein und deren Macht aufnehmen und in ihrem täglichen Leben in die Tat umsetzen konnten.

Sie besaßen die tiefe Weisheit, zu verstehen, dass diese Kräfte Quellen von Energie, Wissen und Harmonie sind, durch die der Mensch seinen Organismus in ein immer empfindlicheres Instrument verwandeln kann, um die Kräfte aufzunehmen und bewusst zu nutzen. Darüber hinaus betrachteten sie es als die wichtigste Tätigkeit des Menschen im Leben, sich mit den Kräften des Himmlischen Vaters und der Erdenmutter in Einklang zu bringen.

Die Eigenschaften jeder der verschiedenen Kräfte waren ihnen sehr klar, und sie wussten, was jede Kraft im Leben eines Einzelnen bedeutete und wie sie genutzt werden sollte. Sie verstanden auch die Beziehung zwischen den Kräften. Sie waren der Ansicht, dass jede himmlische Kraft eine entsprechende irdische Kraft hat und jede irdische Kraft eine entsprechende himmlische Macht. Diese entsprechenden himmlischen und irdischen Kräfte wurden auf dem Eßener Baum des Lebens diagonal zueinander gegenüberliegend platziert, eine über und eine unter dem Menschen. Eine Linie, die zwischen zwei entsprechenden Kräften gezogen wird, verläuft daher direkt durch den Menschen im Zentrum des Baumes.

Die Kräfte, die einander entsprechen, oben und unten, sind die Folgenden:

Himmlischer Vater und Erdenmutter

Engel des Ewigen Lebens und Engel der Erde

Engel der Kreativen Arbeit und Engel des Lebens

Engel des Friedens und Engel der Freude

Engel der Macht und Engel der Sonne

Engel der Liebe und Engel des Wassers

Engel der Weisheit und Engel der Luft

Diese Entsprechungen zeigten den Eßenern, dass, wenn ein Individuum mit einer irdischen Kraft in Kontakt tritt, es auch mit einer bestimmten himmlischen Macht in Berührung kommt. Dies ermöglichte ihnen, zu verstehen, wie wichtig es ist, in vollkommener Harmonie mit jeder einzelnen der Kräfte und Engel, sowohl in der sichtbaren als auch in der unsichtbaren Welt, zu sein.

Der symbolische Baum des Lebens verdeutlichte den Menschen, wie untrennbar sie mit allen Kräften, kosmischen und irdischen, verbunden sind und zeigte ihnen, welche Beziehung sie zu jeder dieser Kräfte haben.

Ich bin dankbar, Himmlischer Vater,
Denn Du hast mich zu einer ewigen
Höhe erhoben,
Und ich wandle in den Wundern der
Ebene.

Du gabst mir Führung, um Deine ewige
Gemeinschaft aus den Tiefen der Erde
zu erreichen.
Du hast meinen Körper gereinigt, um
der Gruppe der Engel der Erde beizu-
treten,
Und meinen Geist, um die Versamm-
lung der himmlischen Engel zu errei-
chen.

Du gabst dem Menschen die Ewigkeit,
um bei Morgengrauen und in der Däm-
merung Deine Werke und Wunder in
freudigem Gesang zu preisen.

Aus den Danksagepsalmen
der Schriftrollen vom Toten Meer

Kapitel 4

Die Kommunionen
der Eßener

Ihr Zweck und ihre
Bedeutung

Der symbolische Baum des Lebens ermöglichte es den Eßenern zu verstehen, wie sie von Kräften oder Engeln aus der sichtbaren Welt der Natur und der unsichtbaren kosmischen Welt umgeben waren. Die Kommunionen zeigen, wie jede dieser Kräfte im Körper und Bewusstsein des Menschen genutzt wird.

Es heißt, die Kommunionen seien ursprünglich von Esnoch, oder Henoch, geschaffen worden und wurden später von Moses erneut zu Esrael, den Auserwählten des Volkes, auf den beiden Steintafeln gebracht, die er zuerst vom Berg Sinai herabtrug. Die zweite Steintafel, die er herabbrachte, enthielt die Zehn Gebote, die äußere Lehre, die er dem Rest des Volkes, Israel, gab. Aber die kleine Minderheit, Esrael, oder die Eßener, hielten von diesem Zeitpunkt an ihre Kommunionen morgens und abends, zu den irdischen und himmlischen Kräften, und regelten ihr Leben nach der Inspiration, die sie von ihnen erhielten.

Die Kommunionen haben drei unmittelbare Ziele: Das erste Ziel ist, den Menschen bewusst zu machen, dass sie von verschiedenen Kräften und Formen der Energie umgeben sind, die sie aus der Natur und dem Kosmos ständig erreichen. Das zweite Ziel ist, ihnen bewusst zu machen, dass sie über Organe und Zentren in ihrem Inneren verfügen, die diese Energieströme empfangen können. Das dritte Ziel ist, eine Verbindung zwischen diesen Organen und Zentren und den entsprechenden Kräften herzustellen, um jede Energie aufzunehmen, zu steuern und zu nutzen.

Die Eßener wussten, dass der Mensch über verschiedene Körpersysteme verfügt, um die unterschiedlichen Energien aus Nahrung, Luft, Wasser, Sonnenstrahlung und so weiter aufzunehmen. Sie wussten auch, dass jeder Einzelne diese Kräfte durch bewusste Anstrengung selbst steuern und nutzen muss und dass niemand dies für ihn tun kann.

Die Kommunionen wurden jeden Morgen und Abend praktiziert, wobei jeden Morgen nach dem Aufstehen eine andere irdische Kraft und jeden Abend vor dem Schlafengehen eine andere himmlische Kraft meditiert wurde, und das an jedem Tag der Woche. Dies ergab insgesamt vierzehn Kommunionen in jeder Sieben-Tage-Periode.

Bei jeder der Kommunionen wurde die vorgesehene Kraft konzentriert, betrachtet und darüber meditiert, sodass ihre Macht aufgenommen und bewusst in der erforderlichen Intensität genutzt werden konnte.

4.1. Die Kommunionen am Morgen

Die Erdenmutter

Der Zweck dieser Kommunion war es, eine Einheit zwischen dem physischen Organismus des Menschen und den nährenden Kräften der Erde herzustellen. Dies wurde erreicht, indem man über die verschiedenen Nahrungsmittel nachdachte und erkannte, dass der Körper aus den Elementen der Erde gebildet ist und durch das Pflanzenleben mit diesen Elementen genährt wird. Dadurch lernt der Mensch die Bedeutung und Wichtigkeit der natürlichen Nahrungsmittel der Erde, die von der Erdenmutter im Einklang mit den Gesetzen des irdischen Lebens bereitgestellt werden. So erfährt der Mensch von der entscheidenden Rolle der natürlichen Nahrungsmittel für seine Gesundheit und Vitalität, und er wird sich der Stoffwechselprozesse in ihm bewusst. Darüber hinaus lernt er, wie er die kraftvollen Energien aus den Nahrungsmitteln aufnehmen und in seinem Körper bewahren kann. Auf diese Weise entwickelt er nach und nach die Fähigkeit, alle Nährstoffe, die er isst, perfekt zu assimilieren und die in ihnen enthaltenen Energien zu nutzen, sodass er in der Lage ist, aus einer bestimmten Menge Nahrung mehr Nahrungskraft zu gewinnen.

Diese Kommunion war eines der Hauptinstrumente, mit denen die Eßener eine so bemerkenswerte körperliche Gesundheit aufrechterhielten.

Der Engel des Wassers

Die Eßener betrachteten den Wasserkreislauf in der Natur als Entsprechung zum Blutkreislauf im Körper. Sie wussten, dass alle Organismen sowie ihre Nahrungsmittel größtenteils aus Wasser bestehen, das auch für das Leben auf der Erde unerlässlich ist. Die Vollkommenheit des Organismus hängt von der Qualität des Blutes ab, und in gleicher Weise hängt die Vollkommenheit der physischen Umwelt von der Qualität des verfügbaren Wassers ab.

In dieser Kommunion wurden alle Formen von Wasser betrachtet: Flüsse, Bäche, Regen, der Saft in Bäumen und Pflanzen und so weiter, wodurch die Einheit zwischen den Wassern des Körpers und den Wassern des Planeten als lebendige Realität erkannt wurde. Dies ermöglichte es, den Blutstrom zu jedem Teil des Körpers zu lenken oder ihn nach Belieben zurückzuziehen.

Diese Fähigkeit erlaubte den Eßenern, viele Zustände zu heilen, die sonst nur durch lange und mühsame Behandlungen behoben werden konnten. Dies war einer der Gründe, warum die Eßener eine so vollständige Selbstbeherrschung und eine nahezu unglaubliche Widerstandsfähigkeit gegenüber Schmerzen besaßen.

Der Engel des Erdbodens

Der Engel der Erde der Erdenmutter war die Macht der Erzeugung und Regeneration. Ein zentrales Konzept der Eßener, ähnlich dem von Zoroaster, war es, immer mehr Leben zu erschaffen und es in Fülle zu vermehren. Der Zweck der Kommunion war, die zeugenden Kräfte des Lebens in die Regeneration des menschlichen Körpers zu verwandeln. Sie betrachteten diese Kraft im Menschen als dieselbe natürliche Kraft wie die zeugenden Kräfte der Natur im Oberboden, die die Vegetation der Erde hervorbringt.

Diese Kommunion bezieht sich daher auf die Oberfläche der Erde, wo Dinge keimen, sowie auf die Macht der Fruchtbarkeit und die Drüsen und Organe der Fortpflanzung. Sie lehrte die Bedeutung der lebensspendenden Kräfte des Bodens und der regenerativen Kraft der sexuellen Energie im Drüsensystem. Sie machte den Menschen bewusst, welche lebensschaffenden Kräfte in und um ihn herum wirken, und ermöglichte es ihm, diese große Kraft besser aufzunehmen sowie sie zu meistern, zu lenken und zu nutzen.

Die außergewöhnliche Fähigkeit der Eßener zur Selbstregeneration war in erster Linie darauf zurückzuführen, dass sie ihre sexuelle Energie durch die Praxis dieser Kommunion umwandelten.

Der Engel der Freude

In dieser Kommunion wurden alle Formen der Schönheit freudig betrachtet, um den Menschen die Schönheiten der Natur und die Freude in jedem Teil seines Wesens bewusst zu machen.

Diese Fähigkeit, Freude aus den Schönheiten der Natur aufzunehmen – Sonnenaufgänge, Sonnenuntergänge, Berge, Blumen, Farben, Düfte und so weiter – war eines der Mittel, durch die die Eßener die innere Harmonie und Gelassenheit erreichten, die ihre Zeitgenossen so beeindruckte.

Der Engel der Luft

Der Zweck dieser Kommunion war es, dem Menschen das dynamische Zusammenspiel zwischen Luft und Leben bewusst zu machen und dass die Atmung die Verbindung zwischen dem Organismus und dem Kosmos ist, dass dort, wo Leben ist, auch Atem ist, und das Aufhören des einen das Aufhören des anderen bedeutet. Somit spielen die Atmosphäre in der umgebenden Natur und die Luft im Körper eine enorme Rolle für Gesundheit und Vitalität.

Diese Kommunion wurde von einem bestimmten tiefen, rhythmischen Atmen begleitet, das es den Eßenern ermöglichte, spezifische Energien aus der Atmosphäre aufzunehmen und eine Verbindung zwischen dem Selbst und dem Universum herzustellen.

Diese Kommunionen mit der Erdenmutter und ihren Engeln waren die Quelle, aus der die Eßener ihre besondere Lebensweise ableiteten – ihre Ernährung, kalte Wasserwaschungen, Sonnenbäder, Atemübungen und so weiter –, die von ihren Zeitgenossen Josephus, Philo und Plinius mit so großem Erstaunen beschrieben wurden.

Der Engel der Sonne

Die Eßener meditierten über die Sonne als eine große lebendige Kraft in der irdischen Natur, eine immer gegenwärtige Energiequelle, ohne die es kein Leben auf der Erde, im Ozean oder in der Atmosphäre geben würde. Sie meditierten über die Wirkung der Sonnenstrahlen, die nicht an der Körperoberfläche haltmachen, sondern in den Organismus eindringen, an dem Punkt, an dem sich der Solarplexus befindet, und den Körper sowie das Nervensystem in der Strahlung der Sonne baden. Dieser Punkt ist die älteste Einheit im menschlichen Organismus.

Der Zweck dieser Kommunion war es, empfänglich für die Sonnenenergien zu werden, eine vollkommene Einheit zwischen dem Selbst und der Sonne herzustellen und deren Kraft im gesamten Körper zu verteilen.

Durch die Anwendung dieser Methode durch die Eßener wurden bestimmte abnormale Zustände häufig auf eine Weise geheilt, die den frühen Historikern wie ein Wunder erschien.

Der Engel des Lebens

Diese Kommunion war dem Leben, der Gesundheit und Vitalität des menschlichen Organismus und des gesamten Planeten gewidmet und schuf eine dynamische Einheit zwischen ihnen.

Sie lehrte den Menschen die Bedeutung der Vitalität für sein Wohlbefinden und machte ihm die unzähligen Aktivitäten der Lebenskraft in und um ihn herum bewusst, wodurch er in der Lage war, sie in der benötigten Intensität auf jeden Teil seines Körpers zu lenken.

Sie verlieh den Eßenern ihre erstaunliche Fähigkeit, Lebenskraft besonders aus Bäumen und Wäldern aufzunehmen.

4.2. Die Kommunionen am Abend

Genauso wie die sieben Morgen der Woche den Kräften der sichtbaren Welt gewidmet waren, wurden die sieben Abende den Mächten der unsichtbaren Reiche, den Engeln des Himmlischen Vaters, gewidmet.

Der Himmlische Vater

Diese Kommunion mit dem Himmlischen Vater, dem Schöpfer, dem Licht, dem Ahura Mazda von Zoroaster, war die zentrale Kommunion der Eßener, die der Gesamtheit der kosmischen Gesetze gewidmet war und der Erkenntnis, dass das Universum ein Prozess fortwährender Schöpfung ist, an dem der Mensch teilhaben muss, indem er das Werk des Schöpfers auf der Erde fortsetzt.

Der Zweck der Kommunion ist es, dem Menschen die Bedeutung der Vereinigung mit dem ewigen und grenzenlosen kosmischen Ozean aller höheren Strahlungen von allen Planeten zu lehren, ihn empfänglich für diese Kräfte zu machen, damit er kosmisches Bewusstsein erlangen kann, was es ihm ermöglicht, sich mit den kosmischen Strömungen zu verbinden. Dadurch kann er die schöpferischen Fähigkeiten in sich bis zum Äußersten entwickeln und lernen, das schöpferische Prinzip in seinem Leben und seiner Umgebung anzuwenden.

Der Engel des Ewigen Lebens

Die Eßener wussten, dass der Mensch sein endgültiges Ziel, die Vereinigung mit dem Himmlischen Vater, nur erreichen kann, wenn er dies tut. Dieses Ziel war das ultimative Bestreben aller Eßener und der zugrunde liegende Zweck, der all ihre Handlungen, Gefühle und Gedanken bestimmte.

Die Eßener glaubten, dass der Zweck des Universums nur das ewige Leben, die Unsterblichkeit, sein kann; und dass der Mensch dies erreichen kann, wenn er nach und nach die Voraussetzungen für seinen Aufstieg zu immer höheren Graden seiner individuellen Evolution schafft. Sie waren der Überzeugung, dass es für diesen Fortschritt keine Grenzen gibt, da der Kosmos ein unerschöpflicher Vorrat an Energien ist, die dem Menschen zur Verfügung stehen, sobald er seine empfänglichen Organe und Zentren vervollkommnet.

Durch diese Kommunion kann der Mensch sein intuitives Wissen über die Ewigkeit des Lebens im Universum und seine eigene Einheit mit diesem ewigen Leben und der gesamten kosmischen Ordnung erwecken. Durch sie kann er die Bedeutung des Überwindens der Schwerkraft in den irdischen Gedankengängen erkennen und sich der Aktivität und Rolle der höheren Strömungen im individuellen und planetaren Entwicklungsprozess bewusst werden.

Dieses Überwinden der Schwerkraft und das Aufnehmen und Nutzen der höheren Strömungen von diesem und allen anderen Planeten war das höchste mystische Ziel der Eßener

Der Engel der (Kreativen) Arbeit

Diese Kommunion war all den großartigen Dingen gewidmet, die durch menschliche Arbeit geschaffen wurden: den Meisterwerken der Literatur, Kunst, Wissenschaft, Philosophie und allem, was der Mensch als Überbau der Natur erschaffen hat, den großen Werten, die von früheren Generationen hervorgebracht und von der gegenwärtigen Generation geerbt wurden.

Der Zweck der Kommunion war es, die Bedeutung der kreativen Arbeit und ihre herausragende Rolle in der individuellen Entwicklung zu lehren. Sie sollte den Menschen auch befähigen, Energien und Kraft aus den kreativen Werken der Menschheit, all ihren Meisterwerken, aufzunehmen und diese Kraft in allen Erscheinungen seines Bewusstseins zu nutzen.

In den Eßener-Bruderschaften verrichtete jeder eine Art von kreativer Arbeit, sei es zur Verbesserung seiner selbst, der Bruderschaft oder der Menschheit. Die Eßener betrachteten kreative Arbeit als den angemessensten Ausdruck der Liebe.

Der Engel der Kraft

Die Eßener stellten sich das gesamte Universum als einen kosmischen Ozean des Lebens vor, in dem Ströme kosmischer Kraft fortwährend alle Lebensformen auf allen Planeten miteinander verbinden und den Menschen mit allen anderen Organismen verknüpfen.

Die Kommunion machte den Menschen die kosmovitalen Kräfte, die ihn umgeben und in ihm wirken, bewusst. Indem er empfänglich für ihre Aktivität wird, kann er sie durch sein Nervensystem aufnehmen und in allen Bereichen seines Lebens nutzen.

Die Eßener waren in der Lage, diese Ströme in bemerkenswertem Maße aufzunehmen und zu nutzen.

Der Engel der Liebe

Die Eßener betrachteten Liebe als das höchste schöpferische Gefühl und glaubten, dass ein kosmischer Ozean der Liebe überall existiert, der alle Lebensformen vereint, und dass das Leben selbst ein Ausdruck der Liebe ist.

Der Zweck der Kommunion war es, dem Menschen die Bedeutung und den Wert dieser höheren Gefühlsströmungen in ihm und im umgebenden Universum zu lehren und ihn bewusst und empfänglich für sie zu machen, da sie eine mächtige Quelle von

Energie und Kraft darstellen, die er in allen Erscheinungen seines Bewusstseins konzentrieren und lenken kann.

Nach dem Verständnis der Eßener verletzt jeder Mensch, der irgendeine Lebensform außerhalb seiner selbst verletzt, zugleich sich selbst, aufgrund der dynamischen Einheit aller Lebensformen im kosmischen Ozean der Liebe. Die Eßener selbst drückten starke Liebesgefühle gegenüber der gesamten Menschheit, nah und fern, sowie gegenüber allen Lebensformen auf der Erde und im unendlichen Raum aus.

Diese Liebe, die sie empfanden, war der Grund, warum sie in Bruderschaftsgemeinschaften zusammenlebten; es war der Grund, warum sie ihren Nahrungsüberschuss an Bedürftige verteilten und sich darum bemühten, die Unwissenden zu lehren und die Kranken zu heilen. Sie drückten ihre Liebe durch Taten aus.

Diese Fähigkeit, höhere Gefühlsströmungen anzuziehen und weiterzugeben, war eine ihrer großen mystischen Errungenschaften.

Der Engel des Friedens

Die Kommunion mit dem Engel des Friedens war der tiefen inneren Intuition des Menschen für Frieden in sich selbst und mit dem unendlichen Universum gewidmet. Im Verständnis der Eßener ist Frieden einer der wertvollsten Schätze des Menschen, und solange er dessen wahre Bedeutung nicht erkennt, kann er keine Spiritualität erlangen, ohne die sein Leben keinen Sinn haben kann. Es wurde angenommen, dass die dringendste Pflicht des Menschen darin besteht, Frieden in sich selbst und mit allem um ihn herum zu schaffen, und dass die Arbeit des Friedens in seinem Inneren beginnt.

Die Eßener nutzten alle Quellen des Friedens im Universum und übertrugen sie auf die Welt, eine Manifestation davon war ihr universeller Gruß: „Friede sei mit dir."

Der Engel der Weisheit

Die Eßener betrachteten Gedanken sowohl als kosmische als auch als zerebrale Funktion. Sie gingen davon aus, dass es einen kosmischen Ozean des Gedankens gibt, der den gesamten Raum durchdringt und alle Gedanken enthält. Dieser Gedanke gilt als die höchste und mächtigste aller kosmischen Energien, die niemals vergeht und niemals verloren geht.

Indem der Mensch sich durch die Kommunion mit dem Engel der Weisheit auf die Gedankenströme im Universum und die Gedanken aller großen Denker der Vergangenheit einstimmt, entwickelt er seine Fähigkeit, kraftvolle und harmonische Gedankenströme zu erzeugen und intuitives Wissen und Weisheit zu erlangen. Durch die Anwendung dieser Kommunion besaßen die Eßener eine große Fähigkeit, kraftvolle Gedankenströme zu senden und zu empfangen.

Diese Kommunion mit dem Engel der Weisheit schließt die vierzehn Kommunionen der Eßener ab. Die morgendlichen Kommunionen beziehen sich auf die Vitalität des Körpers, und ihre kumulative Wirkung besteht in der allmählichen Stärkung und Revitalisierung jedes Organs des Körpers durch die bewusste Kontrolle und Lenkung der irdischen Kräfte.

Die sieben abendlichen Kommunionen sind den spirituellen Kräften gewidmet, die die höhere Evolution des Menschen lenken. Ihre kumulative Wirkung ist die Revitalisierung des Geistes und aller höheren Kräfte im Individuum, wodurch er in die Lage versetzt wird, alle höheren Ozeane der Liebe, des Lebens und des Gedankens zu empfangen und sich mit ihnen in Einklang zu bringen. So entwickelt sich allmählich das gesamte höhere Potenzial seines Wesens.

Jede der vierzehn Kommunionen stellt ein gewisses Gleichgewicht zwischen dem Menschen, der sie vollzieht, und dem Engel oder der Kraft, mit der kommuniziert wird, dar.

Kapitel 5

Die Kommunionen
der Eßener

Ihre tatsächliche Praxis

Fragmentarische Überlieferungen alter Traditionen zeigen, dass der Mensch im Laufe von Äonen allmählich begonnen hat, in seinem Wesen eine Art Empfänger zu entwickeln, durch die er die Kraftströme, die in und um ihn fließen, aufnehmen und bewusst als Quellen von Energie, Harmonie und Wissen nutzen kann.

Die Eßener betrachteten die Entwicklung dieser Empfangszentren als einen wesentlichen Teil der individuellen Evolution. Sie waren auch der Ansicht, dass eine systematische und tägliche Praxis einer korrekten Methode notwendig war, um diese zu entwickeln.

Der erste Teil ihrer Kommunionen lehrte die Bedeutung und den Zweck jeder der vierzehn irdischen und kosmischen Kräfte. Der zweite Teil war die tatsächliche Praxis oder Technik, durch die diese Empfangsmöglichkeit entwickelt werden kann.

Durch diese Praxis können die subtilen Zentren des Körpers geöffnet werden, wodurch Zugang zum universellen Vorrat an kosmischen Kräften gewährt wird. Der Zweck davon war, die Organe des physischen Körpers mit allen förderlichen Strömungen der Erde und des Kosmos in Einklang zu bringen, damit sie für die Evolution des Individuums und des Planeten genutzt werden können.

Viele frühe Völker hatten eine ähnliche Technik. Die Sumerer, die Perser zur Zeit Zarathustras und die Hindus in ihren Yogasystemen – von denen neun der ursprünglichen vierzehn überlebt haben – strebten alle dasselbe Ziel an.

Die Technik, die die Eßener über Tausende von Jahren mündlich von Generation zu Generation weitergaben, wurde dem Neophyten in ihren Bruderschaften erst nach siebenjähriger Probezeit vermittelt. Danach musste er das große siebenfache Gelübde ablegen, die Kommunionen niemals ohne Erlaubnis zu offenbaren und das durch sie erlangte Wissen und die Kraft niemals für materielle oder egoistische Zwecke zu verwenden.

5.1. Prolog zu den Kommunionen

Bevor der Eßener die eigentlichen Worte einer Kommunion sprach, wiederholte er feierlich und ehrfürchtig den folgenden Prolog:

> *Ich betrete den Ewigen und Unendlichen Garten in Ehrfurcht vor dem Himmlischen Vater, der Erdenmutter und den Großen Meistern, in Ehrfurcht vor der heiligen, reinen und rettenden Lehre, in Ehrfurcht vor der Bruderschaft der Auserwählten.*

Dann dachte er ehrfürchtig über den Engel oder die Kraft nach, mit der er gleich kommunizieren würde, und betrachtete deren Bedeutung und Zweck in seinem eigenen Leben und Körper, wie es im ersten Teil der Kommunionen gelehrt wurde. Nach diesem Prolog sprach er die eigentlichen Worte der Kommunion.

5.2. Die Morgenkommunionen im Einzelnen

Die Erdenmutter

Um mit der Erdenmutter zu kommunizieren, sagt er am Samstagmorgen:

> *Die Erdenmutter und ich sind eins. Sie gibt meinem ganzen Körper die Nahrung des Lebens.*

Wenn er diese Worte beendet, betrachtet er essbare Früchte, Körner oder Pflanzen und spürt, wie die Ströme der Erdenmutter in ihm fließen, den Stoffwechsel seines Körpers intensivieren und lenken.

Der Engel des Wassers

Die morgendliche Kommunion mit dem Engel des Wassers wird mit den Worten vollzogen:

> *Engel des Wassers, tritt ein in mein Blut und gib dem ganzen Körper das Wasser des Lebens.*

Während er dies sagt, betrachtet er das Wasser der Erde, sei es im Regen, Fluss, See, Meer oder anderswo, und spürt, wie die Ströme des Engels des Wassers die Blutzirkulation intensivieren und lenken.

Der Engel des Erdbodens

Am Sonntagmorgen kommuniziert er mit dem Engel der Erde, indem er sagt:

> *Engel der Erde, tritt ein in meine Zeugungsorgane und erneuere meinen ganzen Körper.*

Während er dies sagt, betrachtet er den lebensspendenden Boden und das wachsende Gras und spürt, wie die Ströme des Engels der Erde seine sexuelle Energie in regenerierende Kräfte umwandeln.

Der Engel der Freude

Die Worte der morgendlichen Kommunion mit dem Engel der Freude lauten:

> *Engel der Freude, steige herab auf die Erde und schenke allen Wesen Schönheit.*

Dann fühlt er, wie er die Schwingungen der Freude aus den Schönheiten der Natur aufnimmt, während er die Farben des Sonnenaufgangs, des Sonnenuntergangs, den Gesang eines Vogels oder den Duft einer Blume betrachtet.

Der Engel der Luft

Bei der Kommunion am Freitagmorgen mit dem Engel der Luft sagt der Eßener:

> *Engel der Luft, tritt ein in meine Lungen und gib meinem ganzen Körper die Luft des Lebens.*

Der Kommunizierende betrachtet dabei die Atmosphäre und atmet rhythmisch, während er dies sagt.

Der Engel der Sonne

Die morgendliche Kommunion mit dem Engel der Sonne verwendet folgende Worte:

> *Engel der Sonne, tritt ein in mein Sonnenzentrum und gib meinem ganzen Körper das Feuer des Lebens.*

Während diese Worte gesprochen werden, betrachtet er die aufgehende Sonne, fühlt die angesammelten Sonnenkräfte durch sein Sonnenzentrum, das sich im Solarplexus befindet, strömen und lenkt diese Kräfte in alle Teile seines Körpers.

Der Engel des Lebens

Er kommuniziert mit dem Engel des Lebens mit den folgenden Worten:

> *Engel des Lebens, tritt ein in meine Glieder und gib meinem ganzen Körper Kraft.*

Er betrachtet nun die Bäume und spürt, wie er die vitalen Kräfte der Bäume und Wälder in sich aufnimmt.

5.3. Die Abendkommunionen im Einzelnen

Die Worte der abendlichen Kommunionen mit dem Himmlischen Vater und seinen Engeln lauten wie folgt:

Der Himmlische Vater

Die abendliche Kommunion mit dem Himmlischen Vater beginnt mit den Worten:

Der Himmlische Vater und ich sind eins.

Diese Kommunion führt mit der Zeit zur Vereinigung mit dem ewigen und grenzenlosen kosmischen Ozean aller höheren Strahlungen von allen Planeten, da das kosmische Bewusstsein erwacht und das Individuum schließlich mit der höchsten Macht vereint wird.

Der Engel des Ewigen Lebens

Die abendliche Kommunion mit dem Engel des Ewigen Lebens lautet:

Engel des Ewigen Lebens, steige herab auf mich und gib meinem Geist das Ewige Leben.

Während diese Worte gesprochen werden, betrachtet das Individuum die Vereinigung mit den Gedankensphären der höheren Planeten und erlangt die Stärke, die Anziehungskraft der irdischen Gedankensphären zu überwinden.

Der Engel der (Kreativen) Arbeit

Am Abend äußert die Kommunion mit dem Engel der Kreativen Arbeit folgenden Wunsch:

> *Engel der Kreativen Arbeit, steige herab auf die Menschheit und schenke allen Menschen Fülle.*

Die Betrachtung richtet sich auf die Bienen bei ihrer Arbeit, und das kreative Schaffen der Menschheit in allen Bereichen des Lebens wird fokussiert.

Der Engel der Kraft

Die abendliche Kommunion mit dem Engel der Macht lautet:

> *Engel der Macht, steige herab auf meinen Wirkenden Körper und lenke all meine Handlungen.*

Während er die Sterne, ihre Strahlungen und den kosmischen Ozean des Lebens betrachtet, spürt das Individuum, wie die kosmovitalen Kräfte der Sterne vom Nervensystem des Wirkenden Körpers aufgenommen werden.

Der Engel der Liebe

Die abendliche Kommunion mit dem Engel der Liebe enthält die gesprochenen Worte:

Engel der Liebe, steige herab auf meinen Fühlenden Körper und reinige all meine Gefühle.

Während dies gesagt wird, sendet und empfängt der Fühlende Körper höhere Gefühlsströme zu und von allen Wesen auf der Erde und allen im kosmischen Ozean der Liebe.

Der Engel des Friedens

Die Kommunion mit dem Engel des Friedens wird mit den folgenden Worten vollzogen:

Frieden, Frieden, Frieden, Engel des Friedens, sei immer und überall.

Das Individuum betrachtet nun den Mond und das Mondlicht, ruft den universellen Frieden herbei und visualisiert ihn in allen Bereichen des Daseins.

Der Engel der Weisheit

Ein Abend ist dem Engel der Weisheit gewidmet, der mit den folgenden Worten angesprochen wird:

Engel der Weisheit, steige herab auf meinen Denkenden Körper und erleuchte all meine Gedanken.

Überlegene Gedankensphären werden dann vom Denkenden Körper gesendet und angezogen, während das Individuum über alle Gedanken auf der Erde und im kosmischen Ozean des Denkens nachdenkt.

Dies sind die traditionellen Worte der Kommunionen mit der Erdenmutter, dem Himmlischen Vater und ihren Engeln. Die kumulative Wirkung der regelmäßigen wöchentlichen Wiederholung jeder dieser Kommunionen ermöglicht es dem Individuum, früher oder später, je nach seiner Fähigkeit, Ausdauer und dem Grad seiner Entwicklung, diese Energieströme in allen Manifestationen seines Bewusstseins aufzunehmen, zu nutzen und zu lenken – für seine eigene höhere Entwicklung und die der Menschheit sowie des Planeten.

Kapitel 6

Der Siebenfache Frieden

Der Siebenfache Frieden der Eßener war die Zusammenfassung ihrer inneren Lehre.

Ihr Baum des Lebens und die Kommunionen lehrten den Menschen seine Beziehung zu den vierzehn Kräften der sichtbaren und der unsichtbaren Welten. Der Siebenfache Frieden erklärt seine Beziehung zu den Teilen seines eigenen Wesens und zu seinen Mitmenschen und zeigt, wie man Frieden und Harmonie in den sieben Kategorien seines Lebens schafft.

Für die Eßener bedeutete Harmonie Frieden.

Sie betrachteten das menschliche Leben als unterteilt in sieben Bereiche: körperlich, geistig, emotional, sozial, kulturell, seine Beziehung zur Natur und seine Beziehung zum gesamten Kosmos.

Es wurde angenommen, dass der Mensch drei Körper hat, die in jedem dieser Bereiche funktionieren: einen handelnden Körper, einen fühlenden Körper und einen denkenden Körper. Die höchste Kraft des denkenden Körpers ist die Weisheit. Die höchste Kraft des fühlenden Körpers ist die Liebe. Die Funktion des handelnden Körpers besteht darin, die

Weisheit des denkenden Körpers und die Liebe des fühlenden Körpers in Handlungen im sozialen und kulturellen Leben des Einzelnen sowie in der Nutzung der irdischen und himmlischen Kräfte zu übersetzen.

Der Siebenfache Frieden erklärt die Nutzung dieser Kräfte mit größter Klarheit. Jeden Mittag fand eine Friedensmeditation zu einem Aspekt des Friedens statt; und jeder Sabbat war einem Aspekt kollektiv gewidmet, wobei der gesamte Zyklus alle Phasen des menschlichen Lebens in einem Zeitraum von sieben Wochen abdeckte.

6.1. Die Kontemplationen am Mittag — Ihr Zweck und ihre Bedeutung

Eine dritte Gruppe von Praktiken wurde jeden Tag der Woche zur Mittagszeit durchgeführt. Diese waren Betrachtungen, in denen der Himmlische Vater angerufen wurde, seinen Engel des Friedens zu senden, um die verschiedenen Bereiche des menschlichen Lebens zu harmonisieren. So wichtig war den Eßenern der Frieden, dass sie eine spezielle Lehre darüber hatten, die sie den Siebenfachen Frieden nannten.

Die Praxis der vierzehn Kommunionen führt zu einer inneren Erfahrung oder Bewusstseinserweiterung, die es dem Einzelnen ermöglicht, die unsichtbaren

Kräfte der Natur und des Kosmos bewusst zu nutzen. Der Siebenfache Frieden zeigt die praktische Anwendung dieses erweiterten Bewusstseins im täglichen Leben des Einzelnen in Bezug auf die verschiedenen Aspekte des Lebens.

Diese Friedensbetrachtungen waren:

Frieden mit dem Körper.

Frieden mit dem Geist.

Frieden mit der Familie.

Frieden mit der Menschheit.

Frieden mit der Kultur.

Frieden mit der Erdenmutter.

Frieden mit dem Himmlischen Vater.

Eine Erklärung dieser sieben Bereiche des individuellen Lebens wird in einem späteren Kapitel gegeben.

Jeder siebte Tag, der Sabbat der Eßener, war einem Aspekt des Friedens geweiht, und es wurden gemeinschaftliche Zusammenkünfte abgehalten, die sich von den individuellen Betrachtungen unterschieden. Diese Zusammenkünfte dienten dazu, die praktische kollektive Anwendung des speziellen Friedens, der an diesem Sabbat im Mittelpunkt stand, zu erwägen.

Frieden mit dem Reich der Erdenmutter

Dieser Frieden lehrt die Harmonie mit den Gesetzen der irdischen Natur, dem Reich der Erdenmutter. Die Einheit von Mensch und Natur ist ein Grundprinzip der Eßener Lebenswissenschaft.

Der Mensch ist ein integraler Bestandteil der Natur. Er wird von allen Gesetzen und Kräften der Natur beherrscht. Seine Gesundheit, Vitalität und sein Wohlbefinden hängen von seinem Grad der Harmonie mit den Erdkraften ab; und die jedes Einzelnen, jeder Nation und der gesamten Menschheit wird immer im direkten Verhältnis zu der Beachtung der irdischen Gesetze durch den Menschen stehen.

Die universelle Geschichte zeigt, dass jede Nation ihre größte Blütezeit erreichte, indem sie dem großen Gesetz der Einheit zwischen Mensch und Natur folgte. Ihre Vitalität und ihr Wohlstand blühten, als die Menschen ein einfaches, natürliches Leben in Kooperation mit der Natur führten. Aber wenn die Nation oder Zivilisation von der Einheit abweicht, zerfällt sie unvermeidlich und verschwindet.

Diese Einheit von Mensch und Natur wurde nie so stark übertreten wie in der heutigen Zeit. Der Städtebau des modernen Menschen steht in völligem Widerspruch zur Natur. Die Stein- und Betonmauern der Stadt sind Symbole der Trennung des Menschen von der Natur, seines aggressiven Lebensstils mit dem Drang zur Unterwerfung anderer und ständiger Konkurrenz miteinander. Sein gegenwärtiges zentrales, technisiertes und mechanisiertes Leben schafft eine Kluft, die ihn von der Natur trennt, eine Kluft, die nie breiter oder tiefer war.

Die Einheit mit der Natur ist die Grundlage der Existenz des Menschen auf dem Planeten. Sie ist die Grundlage aller Wirtschaftssysteme, aller sozialen Beziehungen zwischen Menschengruppen. Ohne sie wird die gegenwärtige Zivilisation, wie jene der Vergangenheit, auf einen Niedergang und Zerfall zusteuern.

Dieses Gesetz der Einheit wurde von den Eßenern als die Leitnorm für das tägliche Leben des Menschen im materiellen Universum betrachtet.

Die Menschheit hatte Kenntnis von diesem großen Gesetz seit einer Zeit vor der Katastrophe des Pleistozäns. Laut Überlieferungen, die auf den Hieroglyphen der Sumerer basieren, die vor etwa zehntausend Jahren entstanden, war das Leben des vorgeschichtlichen Menschen überwiegend ein Waldleben, untrennbar verbunden mit dem des Waldes. Die Wissenschaft hat diesen Menschen als *Homo sapiens sylvanus* bezeichnet.

Die riesigen Bäume jener Zeit, die mehrere hundert Fuß hoch waren, boten nicht nur Schutz, sondern regulierten auch die Temperatur und die Luftfeuchtigkeit der Atmosphäre. Bäume lieferten die Nahrung des Menschen in Form von einer Fülle unterschiedlicher Früchte. Die Hauptbeschäftigung des Menschen war mit den Bäumen verbunden. Er pflegte und kümmerte sich nicht nur um sie, sondern schuf auch neue Sorten, die neue Fruchtarten hervorbrachten. Er war ein großer Baumzüchter und lebte in Harmonie mit allen Kräften der Natur. Er arbeitete in jeder Hinsicht mit ihr zusammen, sowohl indem er die Wälder ausdehnte als auch indem er darauf verzichtete, Bäume zu schädigen.

Dieser vorsintflutliche Mensch der Waldzeiten, ohne jegliche technische Entwicklung, war eine nahezu perfekte Demonstration des großen Gesetzes der Einheit und Harmonie zwischen Mensch und Natur. In der Philosophie aller alten Lehren war die Einheit des Menschen mit den Wäldern eine grundlegende Eigenschaft. Der Gedanke der Einheit zwischen Mensch und Natur hat große Denker, Philosophen und ganze Denksysteme inspiriert.

Zarathustra stützte einen großen Teil seiner Lehre im Zend Avesta darauf. Er versuchte, die früheren Traditionen wiederzubeleben, indem er den Menschen zu diesem harmonischen Lebensstil, der Zusammenarbeit mit der irdischen Natur, zurückführte. Er lehrte seine Anhänger, dass es ihre Pflicht sei, den Mutterboden zu bewahren, den Gartenbau und alle Gesetze der Natur zu studieren und mit ihren Kräften zusammenzuarbeiten, um das gesamte Pflanzenreich zu verbessern und es über die gesamte Erdoberfläche auszudehnen. Er forderte seine Anhänger auf, aktiv an der Entwicklung aller Aspekte der irdischen Natur teilzunehmen – Pflanzen, Bäume und alle ihre Produkte.

Um dies zu fördern, wies er alle Väter an, an jedem Geburtstag eines ihrer Söhne einen Obstbaum zu pflanzen, und am einundzwanzigsten Geburtstag sollte der Vater dem Sohn die einundzwanzig Obstbäume zusammen mit dem Land, auf dem sie wuchsen, übergeben. Dies sollte das Erbe des Sohnes sein, und der Vater war auch angewiesen, dem Jungen alle Gesetze des praktischen Gartenbaus und der Zusammenarbeit mit der Natur zu lehren, damit er in der Lage war, alle seine zukünftigen Bedürfnisse zu decken.

Das ideale Dasein für den Menschen, lehrte Zarathustra, ist das des Gärtners, dessen Arbeit mit dem Boden, der Luft, dem Sonnenschein und dem Regen ihn ständig in Kontakt mit den Kräften der Natur hält und ihn ihre Gesetze studieren lässt. Das Studium dieses größten Buches, des Buches der Natur, betrachtete Zarathustra als den ersten Schritt zur Schaffung von Frieden und Harmonie im Reich der Erdenmutter.

Die Lehre dieser gleichen großen Einheit zwischen Mensch und Natur tauchte in Indien unmittelbar nach dem Zend Avesta in der vedischen Philosophie des Brahmanismus, in den Upanishaden und später in der Lehre Buddhas auf. Das Brahmanische Gesetz des Einen, „Du bist das" (Tat Tvam Asi), drückte die Einheit von allem aus – des Universums, des Menschen, der Natur. Die Weisen Indiens waren Waldmenschen, die in völliger Harmonie mit der gesamten Schöpfung lebten.

Berosus, der chaldäische Priester, stellte diese natürliche Lebensweise im Wald dar.

Doch die Einheit zwischen Mensch und Natur fand ihren vollständigsten und poetischsten Ausdruck im zweiten Kapitel des Eßener Evangeliums des Johannes, in dem Jesus seine gesamte Terminologie aus der Natur entlehnte, um zu zeigen, dass der Mensch ein integraler Teil davon ist. Jesus gab eine letzte Warnung bezüglich dieser Einheit und der Notwendigkeit, zu ihr zurückzukehren.

Der historische Mensch, der Zoroastrier, der Brahmane, der Buddhist, der Eßener – sie alle betrachteten den Wald und die Natur als Freund und Beschützer des Menschen, als die Mutter, die all seine irdischen Bedürfnisse befriedigt. Sie sahen sie niemals als eine fremde Kraft, die bekämpft und erobert werden muss, so wie es der moderne Mensch tut. Die beiden Symbole, der Wald und die Steinmauer, verkörpern den gewaltigen Unterschied zwischen den alten und den modernen Konzepten der Natur – zwischen harmonischer Friedlichkeit und Zusammenarbeit auf der einen Seite und den Steinmauern der Städte, der Zerstörung des Pflanzenlebens, des Bodens und des Klimas auf der anderen Seite.

Der Mensch muss heute mehr als je zuvor in der Geschichte lernen, in Harmonie und Frieden mit der Natur zu leben. Es gibt riesige Regionen auf der Erde, in denen er den Mutterboden verfallen und verschwinden lässt. Noch nie gab es eine so großflächige Zerstörung von Wäldern, nicht nur in einem oder zwei Ländern, sondern auf allen fünf Kontinenten. Infolge dieses Mangels an Zusammenarbeit mit der Natur nehmen die Wüstengebiete der Welt zu, Dürren werden immer häufiger, und Überschwemmungen überfluten das Land in regelmäßigen Abständen. Es gibt eine unübersehbare Verschlechterung des Klimas: übermäßige Kälte, übermäßige Hitze und zunehmende Horden von Insektenschädlingen zerstören Ernten auf der ganzen Welt. Anstatt der edlen Tradition der Eßener zu folgen, erkennt der zeitgenössische Mensch das große Gesetz der Einheit und Zusammenarbeit mit der Natur nicht an und scheint entschlossen zu sein, sein Erbe zu zerstören, indem er sich weigert, das große offene Buch der Natur zu lesen, das alle Gesetze des Lebens offenbart und den Weg zu immer größerem Glück für den Menschen zeigt.

Die Eßener Lehre zeigt den einzigen Weg, das Leben des Menschen auf diesem Planeten zu organisieren, die einzige Grundlage für eine gesunde Menschheit: Frieden mit dem Reich der Erdenmutter.

Frieden mit dem Geist

Die Quintessenz der Lehre im Siebenfachen Frieden konzentrierte sich auf den Frieden mit dem Geist, wobei der Geist in der Terminologie der Eßener als der Schöpfer des Gedankens verstanden wurde.

Die Eßener betrachteten den Gedanken als eine überlegene Kraft, mächtiger als die Kraft des Gefühls oder der Handlung, da er der Auslöser beider ist.

Die Gesamtheit der Gedanken eines Individuums wurde als sein denkender Körper bezeichnet. Die Gesamtheit der Gedanken in allen Hunderten von Millionen denkender Körper auf der Erdoberfläche bildet den planetarischen denkenden Körper; und die Gesamtheit aller überlegenen Gedanken im Universum bildet einen kosmischen denkenden Körper oder einen kosmischen Ozean des Denkens.

Die Eßener betrachteten den denkenden Körper eines Individuums, ähnlich wie seinen handelnden Körper, als drei Funktionen erfüllend: eine individuelle, eine planetarische und eine kosmische Funktion.

Die individuelle Funktion besteht darin, die Kraft des Denkens zu nutzen, um die Ströme des Gefühls im fühlenden Körper des Individuums und die Handlungen seines handelnden Körpers zu lenken und zu steuern. Der denkende Körper kann dies tun, weil er den fühlenden und handelnden Körper vollständig durchdringt.

Die planetarische Funktion besteht darin, edle und erhebende Gedanken zum planetarischen denkenden Körper beizutragen. Die Gedanken eines Individuums bilden ein Kraftfeld um ihn herum, das mit dem Magnetfeld um einen magnetischen Pol vergleichbar ist. In dieses Kraftfeld fließen ständig die Gedanken des Individuums ein und werden ausgesendet, und es empfängt auch Gedankenströme aus dem planetarischen denkenden Körper, dessen Teil es ist. Jeder Mensch lebt, bewegt sich, denkt, fühlt und handelt somit in dieser umgebenden planetarischen Gedankenatmosphäre, zu der er selbst ständig beiträgt. Er ist verantwortlich für die Gedanken, die er beiträgt, für alle Gedanken, die er aussendet.

Die dritte Funktion des denkenden Körpers, seine kosmische Funktion, wird nicht so leicht erfüllt. Der kosmische Ozean des Denkens, von dem die planetarische Gedankenatmosphäre um die Erde nur ein winziger Teil ist, besteht aus allen Gedanken im Universum, die überlegen genug sind, um sich von den planetarischen Kräften, die sie an ihren jeweiligen Planeten binden, zu lösen. Nur jene höchsten Gedankenströme, die die planetarische Anziehungskraft ihrer planetarischen Atmosphäre überwunden haben, vereinen sich mit dem unendlichen kosmischen Ozean des Denkens.

Dieser kosmische Ozean des Denkens repräsentiert die Vollkommenheit des Gesetzes, die Allmacht des Gesetzes und die Allgegenwart des Gesetzes. Er hat immer existiert und wird immer existieren. Er ist älter als alle existierenden Planeten im Sonnensystem, älter als das existierende Sonnensystem selbst oder als die galaktischen oder ultragalaktischen Systeme. Ewig und unendlich leitet er alle Schritte der kosmischen und planetarischen Evolution im unendlichen kosmischen Ozean des Lebens.

Die kosmische Funktion des denkenden Körpers jedes Individuums besteht darin, Gedanken von so überlegener Qualität zu schaffen, dass sie sich mit diesem kosmischen Ozean des Denkens vereinen können.

Die Eßener betrachteten den denkenden Körper als das höchste Geschenk des Schöpfers an den Menschen. Denn nur er gibt dem Menschen die Fähigkeit, sich des Gesetzes bewusst zu werden, es zu verstehen, in Harmonie damit zu arbeiten, seine Manifestationen in allen Dingen um ihn herum, in sich selbst, in jeder Zelle und jedem Molekül seines physischen Körpers, in allem, was existiert, wahrzunehmen und seine Allgegenwart und Allmacht zu erkennen. Indem der Mensch sich des Gesetzes bewusst wird, es versteht und in Harmonie damit handelt, wird er ein Mitschöpfer mit Gott; es gibt keinen größeren oder höheren Wert im Universum.

Durch diese mächtigste Kraft des Denkens, diesen größten Schatz, den der Mensch besitzt und der sein Adelstitel ist, hat der Mensch die Fähigkeit und Freiheit, alles zu erreichen, was er wirklich will, alles zu verwirklichen, wonach er strebt, das in Harmonie mit dem Gesetz steht, und somit in der ewigen Vollkommenheit zu leben, die das Gesetz ist.

Wenn der Mensch in Harmonie mit dem Gesetz denkt, kann er alle Disharmonien, die er in der Vergangenheit geschaffen hat, beheben; er kann seinen denkenden Körper, seinen fühlenden Körper und seinen handelnden Körper neu erschaffen. Er kann alle Krankheiten in seinem physischen Körper heilen und vollständige Harmonie in seiner Umwelt und Welt schaffen.

Wenn jedoch die Gedankenströme im denkenden Körper nicht mit dem Gesetz übereinstimmen, kann nichts anderes Harmonie in der Welt des Individuums schaffen.

Die Eßener wussten, dass nur eine kleine Minderheit der Menschheit die große Fähigkeit des denkenden Körpers nutzt. Sie wussten, dass die Mehrheit ihre denkenden Körper ziemlich zufällig nutzt, ohne zu wissen, dass ihre Gedanken dazu verwendet werden können, aufzubauen oder zu zerstören. Eine fast automatische Folge von Gedanken, Ideen und Assoziationen von Ideen durchläuft ihren Geist, ohne bewusste Lenkung. Doch selbst diese dahintreibenden Elemente des Denkens können mächtige Kräfte erzeugen, die durch den fühlenden Körper und den handelnden Körper hindurchgehen, jedes Atom und jede Zelle durchdringen, und jede Partikel kann von ihnen in Schwingung versetzt werden. Aus diesen Schwingungen gehen Strahlungen aus, die je nach der Natur des Gedankens harmonisch oder disharmonisch sind.

Wenn der Mensch es versäumt, sich des Gesetzes bewusst zu werden, weicht er unbewusst davon ab, da er von Feldern disharmonischer Kräfte umgeben ist, die ihn zu Abweichungen drängen. Diese Abweichungen schaffen alle Unvollkommenheiten in seiner Welt, alle Einschränkungen und Verneinungen in seinen Gedanken und Gefühlen und in seinem körperlichen Wohlbefinden, in seiner Umgebung, in der Gesellschaft und auf dem ganzen Planeten. Jedes Mal, wenn der Mensch einen minderwertigen Gedanken erschafft oder annimmt, akzeptiert er eine minderwertige Kraft in seine Welt.

Die minderwertige Kraft wirkt, je nach Stärke des Gedankens, auf seinen fühlenden Körper zurück. Dies verursacht ein emotionales Ungleichgewicht im fühlenden Körper, das wiederum auf seinen physischen Körper zurückwirkt.

Dieses Ungleichgewicht verursacht automatisch weitere Abweichungen, weitere Disharmonien und weitere Krankheiten in den fühlenden und handelnden Körpern. Und diese Disharmonien, diese Krankheiten, schaffen eine disharmonische Atmosphäre um das Individuum herum, die die denkenden, fühlenden und handelnden Körper aller anderen beeinflusst, die sich des Gesetzes nicht bewusst sind und nicht wissen, wie sie sich davor schützen können, all diese minderwertigen Gedanken zu empfangen, die durch die bloße Abweichung eines Gedankens des Individuums erzeugt wurden.

Jedes Individuum, das einen minderwertigen, einschränkenden, negativen oder disharmonischen Gedanken hat, löst also eine Kettenreaktion von Abweichungen aus, die sich über den Planeten und die planetarischen Welten ausbreitet und noch weitere Abweichungen, Verneinungen, Einschränkungen und Disharmonien verursacht.

Diese Disharmonie ist ansteckend, genauso wie viele Krankheiten ansteckend sind. Aber die großen Eßener-Meister lehrten den Menschen, wie er diese Wellen der Disharmonie direkt an der Quelle verhindern kann, bevor der erste disharmonische Gedanke entsteht. Sie lehrten den Menschen die richtige Art zu denken, den Weg, niemals vom Gesetz abzuweichen, niemals einen Gedanken, der weniger als vollkommen ist, in das Bewusstsein aufzunehmen oder zu akzeptieren.

Diese großen Meister lehrten auch, dass der Mensch frei ist, mit dem Gesetz zu arbeiten, wenn er es wünscht, und dadurch immer mehr Harmonie und Vollkommenheit in seiner Welt und in der Welt außerhalb seiner selbst zu schaffen.

Der Mensch versucht ständig, Wege zu entwickeln, um die Bedingungen, unter denen er lebt, zu verbessern. Aber er tut dies zu oft ohne Rücksicht auf das Gesetz. Er sucht Frieden und Harmonie durch materielle Mittel, technische Entwicklung, Wirtschaftssysteme, ohne zu wissen, dass die Bedingungen der Disharmonie, die er selbst geschaffen hat, niemals durch materielle Mittel behoben werden können. Der Ozean des Leidens und der Disharmonie, den die Menschheit geschaffen hat, kann nur zerstört werden, wenn die Menschheit das Gesetz der Harmonie in ihrem denkenden Körper in Bewegung setzt. Nur durch völlige Zusammenarbeit mit dem Gesetz kann Frieden und Harmonie auf den Planeten gebracht werden.

Dies ist die Lehre der alten Eßener in Bezug auf den Frieden mit dem Geist.

Frieden mit dem Körper

Das Wort, das die Eßener sowohl im Aramäischen als auch im Hebräischen für den physischen Körper verwendeten, bezeichnete die Funktion des Körpers: zu handeln, sich zu bewegen.

Dies unterscheidet sich stark von anderen Konzepten. Die Griechen zum Beispiel verherrlichten den Körper wegen seiner ästhetischen Qualitäten, seiner Proportionen und Schönheit, und erkannten keinen tieferen Zweck. Die Römer betrachteten den Körper einfach als ein Instrument der Stärke und Macht, um Nationen zu erobern und den römischen Adler in fernen Ländern zu pflanzen. Die mittelalterlichen Christen verachteten den Körper, betrachteten ihn als die Quelle aller menschlichen Probleme, als Barriere zwischen Mensch und Gott.

Die Eßener hatten ein viel tieferes Verständnis als alle anderen. Sie wussten, dass sich im handelnden Körper, der sich über Hunderttausende von Jahren entwickelt hat, alle Gesetze des Lebens und des Kosmos manifestieren; in ihm findet sich der Schlüssel zum gesamten Universum.

Sie studierten den Körper im Zusammenhang mit der Rolle des Menschen im Universum, und ihr Konzept dieser Rolle war größer als jedes andere, das je vertreten wurde. Sie betrachteten den Menschen als Träger von drei Rollen: erstens der individuellen Evolution; zweitens einer Funktion in Bezug auf den Planeten, auf dem er lebt; und drittens einer Aufgabe als Einheit des Kosmos.

Der handelnde Körper spielt in allen drei dieser Rollen eine wichtige Rolle. Er ist ein göttliches Produkt, geschaffen durch das Gesetz für den Zweck des Schöpfers, in keiner Weise minderwertig gegenüber irgendeinem anderen Instrument des Menschen, noch gegenüber irgendetwas anderem im Universum. Er wartet darauf, dass der Mensch seine irdischen und spirituellen Energien bewusst nutzt.

Die Eßener wussten, dass der Mensch kein isoliertes Wesen im Universum ist, sondern eines unter vielen anderen Wesen auf der Erde und auf anderen Planeten, die alle handelnde Körper haben, die sich ebenso entwickeln wie der menschliche. All diese handelnden Körper stehen daher in Beziehung zueinander und beeinflussen sich gegenseitig. Die körperliche Gesundheit und Vitalität jedes Einzelnen ist folglich von größter Bedeutung, sowohl für ihn selbst als auch für alle anderen Wesen auf der Erde und auf allen anderen Planeten.

Die täglichen Praktiken der Eßener leiteten sich von diesem dynamischen, umfassenden Konzept des handelnden Körpers als integralen Bestandteil des gesamten Universums ab, und ihre außergewöhnliche Gesundheit und Vitalität waren ein Ergebnis davon.

Diejenigen, die ihren Bruderschaften beitraten, wurden darin ausgebildet, den handelnden Körper in allen drei seiner Rollen zu vervollkommnen, und sie lernten, wie sie ihn an das ständig wechselnde Kräftefeld anpassen konnten, in dem er lebt und sich bewegt.

Sie wurden über die Auswirkungen verschiedener Nahrungsmittel auf den Organismus und die unterschiedlichen Naturkräfte der Erde, der Sonne, der Luft und des Wassers unterrichtet. Sie mussten bestimmten Ritualen folgen, die diese Kräfte nutzten, wie zum Beispiel jeden Tag mit einer kalten Wasserwaschung zu beginnen und den Körper täglich den Sonnenstrahlen auszusetzen. Durch praktische Erfahrung lernten sie die vitalisierende Kraft der Arbeit auf den Feldern, in den Obstgärten und Gärten kennen.

Sie lernten, wie Krankheiten durch Abweichungen vom Gesetz entstehen und wie man die Krankheiten heilt, die aus diesen Abweichungen resultieren. Sie wurden in die Eigenschaften und heilenden Kräfte verschiedener Kräuter und Pflanzen, der Heliotherapie und Hydrotherapie sowie in die richtige Ernährung für jede Krankheit eingewiesen. Sie wurden in richtiges Atmen und in die Macht, die der Gedanke über den handelnden Körper hat, unterrichtet.

Sie lernten den materiellen und spirituellen Wert der Mäßigung in allen Dingen kennen, und dass Fasten eine Möglichkeit war, den Körper zu regenerieren, den Willen zu entwickeln und auf diese Weise die spirituelle Kraft zu steigern.

Diese Praktiken brachten Frieden und Harmonie in den handelnden Körper. Aber dem Körper wurde nie übermäßige Bedeutung beigemessen. Die Rücksicht und Pflege, die ihm zuteil wurde, diente allein dazu, ihn gesund zu halten, als ein Instrument, durch das sie Akte der Weisheit und Liebe für ihre Mitmenschen vollbringen konnten. Auf diese Weise nahm der handelnde Körper an der Evolution des Individuums, des Planeten und des Kosmos teil und ermöglichte es dem Individuum, ein Mitschöpfer mit dem Gesetz und mit Gott zu werden.

Dies war der erste Frieden, den die Eßener praktizierten: Frieden mit dem Körper.

Frieden mit der Menschheit

Dieser Frieden der Eßener bezog sich auf Harmonie zwischen Menschengruppen, auf sozialen und wirtschaftlichen Frieden.

Die Menschheit hat zu keiner Zeit der Geschichte sozialen Frieden genossen. Der Mensch hat den Menschen immer wirtschaftlich ausgebeutet, ihn politisch unterdrückt und durch militärische Gewalt unterjocht. Die Eßener wussten, dass diese Ungerechtigkeiten durch Abweichungen vom Gesetz verursacht wurden. Dieselben Abweichungen, die Disharmonie im persönlichen Leben des Menschen, in seinen handelnden, denkenden und fühlenden Körpern hervorrufen, führen zu Reichtum und Armut, Herrschern und Sklaven, sozialer Unruhe.

Die Eßener betrachteten sowohl Reichtum als auch Armut als Ergebnis von Abweichungen vom Gesetz.

Sie waren der Ansicht, dass großer Reichtum in den Hände weniger konzentriert ist, weil der Mensch den Menschen auf die eine oder andere Weise ausbeutet. Dies hat sowohl für den Unterdrücker als auch für den Unterdrückten Elend verursacht. So empfinden viele Hass und ähnliche zerstörerische Emotionen. Dies erzeugt Angst in den Herzen der Ausbeuter, Angst vor Revolte, Angst, ihren Besitz, sogar ihr Leben zu verlieren.

Armut galt als ebenso große Abweichung vom Gesetz. Ein Mensch ist arm aufgrund falscher Einstellungen im Denken, Fühlen und Handeln. Er kennt das Gesetz nicht und arbeitet nicht mit dem Gesetz. Die Eßener zeigten, dass für jeden Überfluss vorhanden ist, alles, was ein Mensch für sein Wohl und Glück braucht.

Begrenzungen und Überfluss sind beide künstliche Zustände, Abweichungen vom Gesetz. Sie erzeugen den Teufelskreis von Angst und Revolte, eine ständige Atmosphäre der Disharmonie, die die denkenden, fühlenden und handelnden Körper sowohl der Reichen als auch der Armen beeinflusst und kontinuierlich einen Zustand der Unruhe, des Krieges und des Chaos schafft. Dies war der Zustand durch die gesamte aufgezeichnete Geschichte hindurch.

Sowohl die Reichen als auch die Armen leiden unter den Folgen ihrer Abweichungen.

Die Eßener wussten, dass es keinen Ausweg aus diesem Kreislauf von Unterdrückung, Hass und Gewalt, Kriegen und Revolutionen gibt, außer durch die Veränderung der Unwissenheit der Menschen in der Welt. Sie wussten, dass es lange dauert, bis ein Individuum seine Ideen, sein Denken und seine Gewohnheiten ändert und lernt, mit dem Gesetz zu kooperieren. Das Individuum muss die Veränderung selbst vornehmen; niemand sonst kann dies für ihn tun.

Doch ein immer höheres Verständnis des Gesetzes kann nach und nach erreicht werden, glaubten die Eßener, durch Lehre und Vorbild. Sie lehrten eine ganz andere Lebensweise als Armut oder großer

Reichtum. Sie zeigten in ihrem täglichen Leben, dass, wenn der Mensch nach dem Gesetz lebt, versucht, es zu verstehen und bewusst mit ihm zusammenarbeitet, er keinen Mangel kennen wird. Er wird in der Lage sein, in jeder Handlung, jedem Gedanken und Gefühl eine allseitige Harmonie aufrechtzuerhalten, und er wird erkennen, dass alle seine Bedürfnisse erfüllt werden.

Die Lösung, die die Eßener für wirtschaftliche und soziale Harmonie anboten, kann in jeder Zeit angewendet werden, sowohl in der Gegenwart als auch in der Vergangenheit. Sie bestand aus vier Faktoren:

1. Sich von den chaotischen Zuständen der Massen der Menschheit zu trennen, die sich weigern, den natürlichen und kosmischen Gesetzen zu gehorchen.

2. Ein praktisches Gesellschaftssystem zu demonstrieren, das auf natürlichen und kosmischen Gesetzen basiert.

3. Diese Ideen der Außenwelt durch Lehre, Heilung und Unterstützung anderer nach ihren Bedürfnissen zu vermitteln.

4. Andere Individuen in ihre Gemeinschaften einzubeziehen, die ausreichend entwickelt sind, um bereitwillig mit dem Gesetz zu kooperieren.

Die Eßener zogen sich aus der Disharmonie der Städte und Dörfer zurück und bildeten Bruderschaften an den Ufern von Seen und Flüssen, wo sie leben und arbeiten konnten, im Gehorsam gegenüber dem Gesetz. Dort errichteten sie Wirtschafts- und Gesellschaftssysteme, die vollständig auf dem Gesetz basierten. Es gab keine Reichen und keine Armen in ihren Bruderschaften. Niemand brauchte etwas, das er nicht hatte, und niemand hatte einen Überschuss an Dingen, die er nicht nutzen konnte. Sie betrachteten die eine Bedingung als genauso schädlich wie die andere.

Sie zeigten der Menschheit, dass das tägliche Brot des Menschen, seine Nahrung und alle seine materiellen Bedürfnisse ohne Kampf, nur durch das Wissen um das Gesetz allein erworben werden können.

Strenge Regeln und Vorschriften waren unnötig, da alle im Einklang mit dem Gesetz lebten. Ordnung, Effizienz und individuelle Freiheit existierten nebeneinander. Die Eßener waren äußerst praktisch sowie hochspirituell und intellektuell.

Sie beteiligten sich nicht an der Politik und schlossen sich keiner politischen Fraktion an, da sie wussten, dass weder politische noch militärische Mittel den chaotischen Zustand des Menschen ändern konnten. Sie zeigten durch konkretes Beispiel, dass Ausbeutung und Unterdrückung anderer völlig unnötig waren. Viele Wirtschafts- und Sozialhistoriker betrachteten die Eßener als die ersten umfassenden Sozialreformer der Welt.

Ihre Bruderschaften waren teilweise kooperativ. Jedes Mitglied der Gruppe hatte sein eigenes kleines

Haus und einen Garten, der groß genug war, um alles anzubauen, was es besonders begehrte. Aber jeder nahm auch an gemeinschaftlichen Aktivitäten teil, wo immer sein Dienst gebraucht wurde, wie zum Beispiel bei der Viehhaltung, dem Pflanzen und der Ernte von Feldfrüchten, die am wirtschaftlichsten in großem Umfang angebaut wurden.

Sie hatten große landwirtschaftliche Kenntnisse, ein tiefes Verständnis für Pflanzenleben, Boden- und Klimabedingungen. In vergleichsweise wüstenartigen Gebieten produzierten sie eine große Vielfalt an Früchten und Gemüse von höchster Qualität und in solcher Fülle, dass sie regelmäßig einen Überschuss hatten, den sie an Bedürftige verteilten. Ihr wissenschaftliches Wissen war so umfassend, dass sie all dies in relativ wenigen Stunden pro Tag erledigen konnten, sodass ihnen reichlich Zeit für ihre Studien und spirituellen Praktiken blieb.

Die Natur war ihre Bibel. Sie betrachteten den Gartenbau als lehrreich, als Schlüssel zum Verständnis des gesamten Universums, der alle seine Gesetze offenbart, so wie es der handelnde Körper tut. Sie lasen und studierten das große Buch der Natur ihr ganzes Leben lang, in all ihren Bruderschaften, als eine unerschöpfliche Quelle des Wissens sowie der Energie und Harmonie. Wenn sie in ihren Gärten gruben und ihre Pflanzen pflegten, kommunizierten sie mit den wachsenden Dingen, den Bäumen, der Sonne, dem Boden, dem Regen. Aus all diesen Kräften erhielten sie ihre Bildung, ihre Freude und ihre Erholung.

Einer der Gründe für ihren großen Erfolg war ihre Einstellung gegenüber ihrer Arbeit. Sie betrachteten sie nicht als Arbeit, sondern als ein Mittel, um die Kräfte und Gesetze der Natur zu studieren. Darin unterschied sich ihr Wirtschaftssystem von allen anderen. Das Gemüse und Obst, das sie produzierten, waren nur die beiläufigen Ergebnisse ihrer Aktivitäten; ihre wahre Belohnung lag im Wissen, in der Harmonie und Vitalität, die sie erlangten, um ihr Leben zu bereichern. Gartenarbeit war für sie ein Ritual; eine große und beeindruckende Stille herrschte, während sie in Harmonie mit der Natur arbeiteten und in ihren Bruderschaften wahre Königreiche des Himmels erschufen.

Ihre wirtschaftliche und soziale Organisation war nur eine Phase ihres gesamten Lebens- und Lehrsystems. Sie wurde als Mittel zum Zweck betrachtet, nicht als Selbstzweck. Dadurch herrschte eine dynamische Einheit und Harmonie in all ihren Aktivitäten, Gedanken, Gefühlen und Taten. Alle gaben frei von ihrer Zeit und Energie, ohne das mathematische Abwägen der Beiträge anderer. Durch diese Harmonie in jedem Individuum schritt die persönliche Entwicklung stetig voran.

Die Eßener wussten, dass es viele Generationen braucht, um Veränderungen bei Menschen oder der Menschheit als Ganzes zu bewirken, aber sie entsandten Lehrer und Heiler aus ihren Bruderschaften, deren Leben und Leistungen die Wahrheiten, die sie lehrten, manifestieren würden und die nach und nach das Verständnis der Menschheit und den Wunsch, im Einklang mit dem Gesetz zu leben, steigern würden. Die Eßener Bruderschaft am Toten Meer entsandte über viele Jahrhunderte hinweg solche Lehrer wie Johannes den Täufer, Jesus und Johannes den Geliebten. Sie warnten immer wieder vor den Folgen der sozialen und wirtschaftlichen Abweichungen der Menschen vom Gesetz. Prophet für Prophet wurde ausgesandt, um vor den Gefahren zu warnen, die durch die sozialen Ungerechtigkeiten entstanden, die damals genauso existierten wie heute. Es wurden nicht nur Individuen und Gruppen gewarnt, sondern auch gezeigt, dass alle, die den Abweichlern halfen oder in irgendeiner Weise mit ihnen zusammenarbeiteten, ebenfalls in Gefahr waren.

Die Masse der Menschheit hörte nicht zu, konnte kein Verständnis für sozialen und wirtschaftlichen Frieden gewinnen. Nur die wenigen weiter entwickelten Individuen beachteten die Warnungen. Von diesen wurden einige ausgewählt, in den Bruderschaften zu arbeiten, als Beispiele für Frieden und Harmonie in allen Bereichen des Daseins.

Die Eßener wussten, dass durch die kumulative Wirkung von Vorbildern und Lehren die Minderheit, die das Gesetz versteht und befolgt, eines Tages über Generationen hinweg zur Mehrheit der Menschheit heranwachsen wird.

Erst dann, und nur dann, wird die Menschheit diesen vierten Frieden der Eßener erfahren, den Frieden mit der Menschheit.

Frieden mit der Kultur

Frieden mit der Kultur bezieht sich auf die Nutzung der Meisterwerke der Weisheit aus allen Zeitaltern, einschließlich der Gegenwart.

Die Eßener vertraten die Ansicht, dass der Mensch nur dann seinen rechtmäßigen Platz im Universum einnehmen kann, wenn er alles mögliche Wissen aus den großen Lehren, die von Meistern der Weisheit vermittelt wurden, aufnimmt.

Laut den Eßener Traditionen stellten diese Meisterwerke ein Drittel allen Wissens dar. Sie betrachteten drei Wege zur Wahrheitsfindung. Einer ist der Weg der Intuition, den die Mystiker und Propheten beschritten. Ein anderer ist der Weg der Natur, der Weg des Wissenschaftlers. Der dritte ist der Weg der Kultur, der der großen Meisterwerke der Literatur und der Künste.

Die Eßener bewahrten viele wertvolle Manuskripte in ihren Bruderschaften auf, die sie ständig nach einer Methode studierten, die in keiner anderen Denkschule der Antike zu finden war. Sie studierten sie, indem sie den ersten beiden Wegen zur Wahrheit folgten: der Intuition und der Natur.

Durch die Intuition bemühten sie sich, die ursprüngliche höhere Intuition des Meisters zu erfassen und so ihr eigenes höheres Bewusstsein zu erwecken. Durch die Natur, von der die großen Meister Vergleiche zogen, um ihr intuitives Wissen den Massen zu vermitteln, korrelierten die Eßener ihre eigenen intuitiven Beobachtungen mit den Lehren der Meister. Durch diesen ständigen Vergleich zwischen der Natur, ihren eigenen Intuitionen und den großen Meisterwerken der Kultur wurde ihre eigene individuelle Entwicklung vorangetrieben.

Es galt auch als Pflicht eines jeden Menschen, die Weisheit aus diesen Meisterwerken zu erlangen, damit die Erfahrungen, das Wissen und die Weisheit, die bereits von früheren Generationen erreicht wurden, genutzt werden konnten. Ohne diese Lehren würde der Fortschritt und die Evolution der Menschheit viel langsamer voranschreiten, da jede Generation wieder ganz von vorne beginnen müsste. In der universellen Kultur hat der Mensch dem Planeten etwas Neues hinzugefügt und ist so zum Schöpfer geworden, ein Mitschöpfer mit Gott. Auf diese Weise erfüllt er seine Funktion auf dem Planeten, indem er das Werk der Schöpfung fortsetzt.

Die universelle Kultur ist von großem Wert für die Menschheit aus zwei weiteren Gesichtspunkten. Erstens repräsentiert sie die höchsten Ideale, die die Menschheit je hatte. Zweitens stellt sie eine allseitige Synthese des Wissens über die Probleme des Lebens und deren richtige Lösung dar.

Dieses Wissen wurde von hochentwickelten Individuen hervorgebracht, Meistern, die die Fähigkeit hatten, die universellen Quellen des Wissens, der Energie und der Harmonie, die im kosmischen Ozean des Denkens existieren, zu kontaktieren. Der Beweis für diesen Kontakt war die bewusste Lenkung der Kräfte der Natur in einer Weise, die die Welt heute als Wunder bezeichnet. Diese Manifestationen ihrer Kräfte zogen eine begrenzte Anzahl von Anhängern an, die in ihrer eigenen Entwicklung weit genug fortgeschritten waren, um das tiefere Verständnis der Lehren des Meisters zu begreifen. Diese Jünger bemühten sich, die gelehrten Wahrheiten zu bewahren, indem sie die Worte des Meisters aufschrieben. Dies war der Ursprung aller großen Meisterwerke der universellen Literatur.

Die Wahrheiten in diesen Meisterwerken sind ewig. Sie sind zu jeder Zeit gültig. Sie stammen aus der einen ewigen, unveränderlichen Quelle allen Wissens. Die kosmischen und natürlichen Gesetze, die Natur und das innere Bewusstsein des Menschen sind heute dieselben wie vor zwei oder zehntausend Jahren. Solche Lehren gehören keiner bestimmten Denkschule oder Religion an. Die Eßener glaubten, dass der Mensch alle großen heiligen Bücher der Menschheit und alle großen Beiträge zur Kultur studieren sollte, denn sie wussten, dass alle dieselbe zeitlose Weisheit lehren und dass alle scheinbaren Widersprüche durch die Einseitigkeit der Anhänger entstehen, die versucht haben, sie zu interpretieren.

Der Zweck des Studiums, so hielten sie fest, ist nicht, ein paar zusätzliche Fakten zu dem bereits vorhandenen Wissensschatz eines Individuums hinzuzufügen. Es geht darum, ihm Quellen universeller Wahrheit zu eröffnen. Sie waren der Ansicht, dass, wenn ein Mensch ein großes heiliges Buch der Menschheit liest, die Symbole von Buchstaben und Wörtern selbst im denkenden Körper mächtige Schwingungen und Gedankenströme erzeugen. Diese Schwingungen und Ströme setzen den Einzelnen mit dem denkenden Körper des großen Meisters in Verbindung, der die Wahrheit vermittelt hat.

Dies eröffnet dem Einzelnen eine Quelle von Wissen, Harmonie und Macht, die auf keine andere Weise erreichbar ist. Dies ist der große Wert, die innere Bedeutung, des fünften Friedens der Eßener. Diese großen Meisterwerke wurden in Epochen der Geschichte hervorgebracht, in denen die Menschheit in großem Chaos war. Die ständigen Abweichungen der Menschheit vom Gesetz scheinen zu bestimmten Zeiten in massiver Verwirrung und Störungen zu gipfeln, die die Zerstörung der bestehenden sozialen Ordnung und Lebensweise bedrohen oder sogar herbeiführen. In solchen Zeiten sind große Meister als Wegweiser für das Volk aufgetreten. Meister wie Zarathustra, Buddha, Moses, Jesus brachten neue Horizonte und neue Hoffnung für die Menschheit.

Sie gaben ihre Lehren in zwei Formen weiter. Die eine waren Gleichnisse aus der Natur, die von den

Massen verstanden werden konnten. Die andere, die der kleinen Minderheit entwickelter Anhänger gegeben wurde, wurde direkt vom Bewusstsein des Meisters auf das Bewusstsein des Jüngers übertragen. Erstere werden die exoterischen Bücher genannt und von Historikern als die schriftlichen Überlieferungen bezeichnet. Die andere Lehre wurde als die ungeschriebene Tradition bezeichnet, und dies waren die esoterischen Lehren, die die Jünger für sich selbst aufschrieben, nicht für das Volk. Aber selbst die Jünger verstanden die Weisheit des Meisters nicht immer und interpretierten sie nicht immer richtig.

Einige wenige, wenn auch nur sehr wenige, zeitgenössische Bücher enthalten dieselben Lehren, die die Meister weitergegeben haben. Tausende von Menschen schreiben heute Bücher, und Jahr für Jahr werden Tausende von Büchern veröffentlicht. Bei einer solchen Massenproduktion von Druckwerken ist es unvermeidlich, dass die überwältigende Mehrheit davon von minderer Qualität ist, und selbst das Beste verkündet oberflächliche Pseudo-Wahrheiten. Dennoch neigt der moderne Mensch dazu, die kurze Zeit, die er dem Lesen widmet, mit diesen vergänglichen und meist wertlosen Drucksachen zu verbringen, während die Meisterwerke der Jahrhunderte in den Regalen der Bibliotheken Staub ansetzen.

Bevor der Buchdruck erfunden wurde, wurden nur jene Manuskripte bewahrt, die wirklichen Wert hatten. Es wurden nur außergewöhnliche Bücher produziert. Der Durchschnittsmensch konnte weder lesen noch schreiben. Die Schwierigkeiten, Wissen zu erwerben, waren enorm. Die Reise zu den wenigen Zentren des Lernens war aufgrund der unsicheren Verhältnisse in verschiedenen Ländern und der primitiven Transportmethoden mit großen Gefahren verbunden. Der Schüler musste außerdem viele Jahre als Lehrling dienen, um als würdig erachtet zu werden, Weisheit zu erwerben, und weitere lange Jahre, um sie zu erlangen. Auch die materiellen Schwierigkeiten bei der Herstellung eines Manuskripts waren groß. Aufgrund dieser Hindernisse wurden nur Werke von wahrem Genie an zukünftige Generationen weitergegeben, und die wenigen, die überlebt haben, repräsentieren Weisheit höchsten Ranges.

Dieses dritte Drittel aller Weisheit, repräsentiert durch die Kultur der Menschheit, wurde von den Eßenern als notwendig für die Entwicklung des Menschen angesehen. Auf keine andere Weise konnte er ein allumfassendes Verständnis der Lebensgesetze erlangen, indem er mit dem kosmischen Ozean des Denkens in Kontakt trat.

Dieser Kontakt, durch den ewigen denkenden Körper eines großen Meisters, ist der heilige Zweck und das unschätzbare Privileg von Frieden und Harmonie mit der Kultur.

Frieden mit der Familie

Dieser Frieden der Eßener, der Frieden mit der Familie, betrifft die Harmonie im fühlenden Körper, die Harmonie in den Emotionen.

Mit dem Begriff Familie meinten die Eßener jene Menschen im unmittelbaren Umfeld des Individuums, die Menschen, mit denen es täglich in Kontakt steht, seine Familie, Verwandten, Freunde und Bekannten. Nach der Tradition der Eßener hängt die Harmonie mit diesen Menschen vom fühlenden Körper ab.

Die natürliche Funktion des fühlenden Körpers ist es, Liebe auszudrücken. Der Menschheit wurde dies immer wieder von den großen Meistern gesagt – Jesus, Buddha, Zarathustra, Moses und den Propheten. Ihm wurde das Gesetz gegeben, dass er seinen Schöpfer mit allen seinen denkenden, fühlenden und handelnden Körpern lieben soll. Das Leben in all seinen Bereichen, Aspekten und Manifestationen ist der Ausdruck der kreativen Liebe.

Die göttliche Liebe ist eine große kosmische Kraft, eine kosmische Funktion. Sie ist das Gesetz aller Körper des Menschen, aber sie wird am kraftvollsten durch den fühlenden Körper ausgedrückt.

Der fühlende Körper besteht aus all den Strömen von Gefühlen und Emotionen, die ein Individuum erfährt und in die Atmosphäre um sich herum aussendet.

So wie die denkenden Körper aller Individuen auf dem Planeten eine Gedankenatmosphäre um ihn herum erschaffen, so erschaffen alle fühlenden Körper eine planetarische Gefühlsatmosphäre, unsichtbar und ungreifbar, aber von enormem Einfluss und großer Macht. Jedes Gefühl und jede Emotion, die ein Individuum erschafft, wird ein Teil der Gefühlsatmosphäre der Erde und erzeugt eine Resonanz der Mitschwingung mit allen ähnlichen Gefühlen in der Atmosphäre der Erde.

Wenn ein minderwertiges Gefühl ausgesendet wird, stimmt sich sein Erzeuger sofort auf alle ähnlichen minderwertigen Gefühle im fühlenden Körper der Erde ein. Er öffnet damit das Tor zu einer Flut zerstörerischer Kräfte, die hereinströmen und die Kontrolle über seine Gefühle und oft auch über seinen Geist übernehmen und seine eigenen niederen Gefühle verstärken, so wie ein Lautsprecher den Klang verstärkt oder intensiviert.

Diese zerstörerische Kraft beeinflusst direkt den physischen Körper des Individuums. Sie wirkt auf das Funktionieren der endokrinen Drüsen und des gesamten Drüsensystems. Sie erzeugt Krankheitszellen, die die Vitalität senken, das Leben verkürzen und unbegrenztes Leid verursachen. Es ist daher nicht überraschend, dass die Statistiken über Nervenleiden und andere Krankheiten trotz aller Krankenhäuser, Sanatorien, medizinischen Organisationen, Labore und des Fortschritts in der Hygiene und Medizin so erschreckend sind.

Durch seinen fühlenden Körper ist der Mensch aufgrund seiner Abweichung vom Gesetz zu einem sich selbst vergiftenden Automaten geworden, da er ohne Kenntnis des Gesetzes, gegen das Gesetz statt mit ihm handelt.

Die Eßener wussten, dass in fast jedem fühlenden Körper große Disharmonie herrscht. Durch das Studium der fühlenden Körper von Babys und primitiven Menschen erkannten sie, warum.

Die Wahrnehmung des Körpers eines Babys registriert zuerst die Manifestationen des primitiven Selbsterhaltungstriebes des Säuglings. Dieser Instinkt weckt drei grundlegende Emotionen: Angst, Wut und Liebe. Angst entsteht durch eine plötzliche Bewegung oder ein Geräusch; Wut durch die Beeinträchtigung der Freiheit des Babys; Liebe durch die Befriedigung seines Hungers und seiner Bedürfnisse. Angst und Wut sind minderwertige Gefühle; das Liebesgefühl ist zwar überlegen, im Baby jedoch rudimentär. Der Gefühlskörper des Babys ist ein Vulkan der Emotionen, von denen die meisten minderwertig sind. Sein Denkvermögen hat noch nicht begonnen, zu funktionieren.

Ein primitiver Mensch hat einen ähnlichen Gefühlskörper. Seine Emotionen, die ebenfalls um den Selbsterhaltungstrieb zentriert sind, sind eine mächtige Kraft, die seinen embryonalen Denkkörper vollständig beherrscht.

Sowohl beim Kind als auch beim primitiven Menschen entwickelt sich der Gefühlskörper lange vor dem Denkkörper. Dies ist notwendig, um den physischen Körper vor Gefahren zu schützen und so sein Leben zu bewahren. Der Selbsterhaltungstrieb ist ein Naturgesetz. Nach diesem zu handeln, steht völlig im Einklang mit dem Gesetz, bis der Mensch die Fähigkeit entwickelt hat, durch Denken und Vernunft einen Ausweg aus der Gefahr zu finden.

Da das Gefühl jedoch über einen viel längeren Zeitraum hinweg als das Denken funktioniert hat, neigt es dazu, das Denken zu dominieren, selbst nachdem das Kind erwachsen ist und der primitive Mensch zivilisiert worden ist. In der Mehrheit der Menschheit regiert heute der Gefühlskörper den Denkkörper.

Dies ist die Ursache für die erste Abweichung des Menschen vom Gesetz.

Durch die Kraft des Denkens kann der Mensch jede Situation in seinem Leben angemEßener bewältigen als durch unüberlegtes Fühlen. Doch die Handlungen der meisten Menschen sind weitaus häufiger der Ausdruck von Impulsen im Gefühlskörper als von überlegtem Denken. Dies führt zu einem enormen Ungleichgewicht in seinen Körpern. Da der zivilisierte erwachsene Mensch sich so weit entwickelt hat, dass er die Fähigkeit zum Denken besitzt, sollte das Denken seine Handlungen lenken. Wenn er jedoch zulässt, dass sie von Emotionen und Gefühlen beherrscht werden, wie sie es in der Kindheit waren, bringt er all seine Kräfte aus dem Rhythmus, aus der Harmonie.

Dies erzeugt einen regressiven psychologischen Zustand in seiner gesamten Existenz. Seine Taten und Handlungen bleiben infolgedessen selbstzentriert und egoistisch, wie die eines Kindes oder eines primitiven Menschen. Doch wenn er kein Wilder oder Kind mehr ist, weicht er vom Gesetz ab, wenn er wie ein Kind oder primitiver Mensch handelt. Seine instinktiven Impulse können nur dann dem evolutionären Fortschritt dienen, wenn sie durch die Denkfähigkeit kontrolliert werden.

Es gibt weitere Konsequenzen dieser Abweichung vom Gesetz.

Die Natur hat dem Menschen die Fähigkeit zum Denken gegeben, damit er ihre Gesetze verstehen und sein Leben in Harmonie mit ihnen lenken kann. Der Mensch kann durch Denken einen viel höheren Grad der Evolution erreichen als durch das Leben nach Instinkten. Wenn er weiterhin zulässt, dass sein Gefühlskörper die dominierende Kraft in seinen Handlungen bleibt, verzögert er nicht nur seine eigene Evolution, sondern auch die des Planeten.

Wenn er keine Anstrengungen unternimmt, das Gesetz zu verstehen, sondern es vernachlässigt und daher kein Wissen darüber hat, muss er seine eigenen Gesetze schaffen – kleine, künstliche Gesetze des Selbstzentriertseins und Egoismus; und diese erzeugen Mauern der Trennung zwischen ihm und dem Rest der Menschheit, zwischen ihm und der Natur und zwischen ihm und dem Großen Gesetz, dem Schöpfer.

Die erste Abweichung des Menschen vom Gesetz durch den Gefühlskörper ist der Beginn der langen Kette von Abweichungen, die all die menschliche Disharmonie und das Leiden auf der Erde verursachen.

Alle großen Lehrer der Menschheit haben über Tausende von Jahren hinweg den Menschen vor den Konsequenzen der Abweichung vom Gesetz des Gefühlskörpers gewarnt. Buddha zeigte auf, wie es zu Leiden führt – Leiden für den Einzelnen und Leiden für die Menschheit.

Die Eßener lehrten, dass der Gefühlskörper das mächtigste Instrument zur Erzeugung von Gesundheit, Vitalität und Glück sein kann, und dass der Mensch durch seine richtige Funktionsweise in der Ausübung von Liebe das Königreich des Himmels in und um sich selbst und die gesamte Menschheitsfamilie erschaffen kann.

Der Eßener Frieden mit der Familie ist das Große Gesetz in seiner Ausprägung der Liebe der Menschen zueinander, ein Gesetz, das kleinen Kindern offenbart wird, jedoch oft vor den Gedanken der Menschen verborgen bleibt.

Frieden mit dem Reich des Himmlischen Vaters

Dieser siebte Frieden umfasst alle anderen Aspekte des Friedens. Das Reich des Himmlischen Vaters ist das Universum, der gesamte Kosmos. Es wird vom Einen Gesetz regiert, der Gesamtheit aller Gesetze. Der Himmlische Vater ist das Gesetz.

Das Gesetz ist überall gegenwärtig. Es steht hinter allem, was manifest und unmanifest ist. Ein Stein fällt, ein Berg formt sich, Meere fließen gemäß dem Gesetz. In Übereinstimmung mit dem Gesetz entstehen, entwickeln sich und verschwinden Sonnensysteme. Ideen, Empfindungen, Intuitionen kommen und gehen im Bewusstsein des Menschen nach dem Gesetz. Alles, was existiert, konkret oder abstrakt, materiell oder immateriell, sichtbar oder unsichtbar, wird vom Gesetz, dem Einen Gesetz, regiert.

Das Gesetz ist formlos, so wie eine mathematische Gleichung formlos ist. Dennoch enthält es alles Wissen, alle Liebe, alle Macht. Es manifestiert ewig alle Wahrheit und alle Realität. Es ist der Lehrer und Freund des Menschen, zeigt ihm alles, was er tun, wissen und sein muss, um zu dem Wesen zu werden, das er eines Tages sein wird. Das Gesetz führt den Menschen bei jedem Problem, durch jedes Hindernis, und gibt ihm immer die perfekte Lösung.

Frieden mit dem Gesetz bedeutet Frieden und Harmonie mit dem kosmischen Ozean aller kosmischen

Kräfte im Universum. Durch diesen Frieden tritt der Mensch in Kontakt mit allen höheren Strömen und Strahlungen von allen Planeten im kosmischen Raum. Durch ihn ist er in der Lage, die Erkenntnis seiner Einheit mit allen Kräften im Universum zu erlangen, denen der Erde und denen von allen anderen Planeten im Sonnensystem und allen galaktischen Systemen.

Durch diesen Frieden kann er sich mit allen höchsten Werten im Universum vereinen. Durch diesen Frieden wird die innere Intuition erweckt, der die Mystiker und Propheten aller Zeiten folgten. Durch diesen Frieden tritt der Mensch in Kontakt mit seinem Schöpfer.

Dieser Frieden vervollständigt die Evolution des Menschen. Er bringt ihm vollkommene Glückseligkeit. Er ist sein finales Ziel.

Der Mensch ist Teil der Gesamtheit des Universums. Er bildet eine ungeteilte Einheit mit dem Ganzen. Er hält sich für davon getrennt, weil er sich seiner selbst als Individuum bewusst geworden ist. Er ist selbstbewusst und selbstzentriert über den Punkt hinaus, an dem Selbstzentriertheit notwendig ist, um sein Leben zu erhalten.

Dieses Gefühl der Trennung erzeugt das Bewusstsein des Mangels, der Begrenzung. Im Denken hat sich der Mensch von der Fülle des Universums getrennt, sich von der Quelle aller Versorgung abgeschottet. Versorgung ist materiell und immateriell, sie umfasst die greifbaren sichtbaren Bedürfnisse des täglichen Lebens sowie die universelle Versorgung mit Energie, Vitalität und Kraft, deren größte die Liebe ist.

Die Eßener glaubten, dass der Mensch inmitten eines Feldes von Kräften lebt, sowohl irdischen als auch planetarischen, und dass seine individuelle Entwicklung in dem Maße fortschreitet, in dem er mit diesen Kräften kooperiert. Doch es gibt andere Kräfte höherer Ordnung, mit denen es noch wichtiger ist, dass er in Harmonie steht. Diese sind die spirituellen Ströme im kosmischen Ozean des kosmischen Bewusstseins. Diese höheren Ströme vermischen sich nicht mit den irdischen und planetarischen Strömen. Der Mensch muss durch seine eigenen Anstrengungen, seinen eigenen Willen, zu diesem kosmischen Ozean des universellen Lebens aufsteigen. Nur dann kann er seine Einheit mit dem Gesetz erkennen.

Um dies klar zu verstehen, ist es notwendig, das Universum als Ganzes zu betrachten und zu begreifen, dass es eine Gesamtheit ist, die alle seine Teile umfasst – alle Liebe, alles Leben, alles Wissen, alle Macht, alle Substanz. Es ist die Summe aller Substanzen, aus der alle Dinge geformt werden. Es ist die Summe aller Liebe, die überall gegenwärtig ist, denn Liebe ist die höchste Quelle und die verbindende Kraft, die das Universum in all seinen Teilen zusammenhält. Der Mensch kann nicht mehr von dieser Gesamtheit getrennt sein als eine Zelle in seinem Körper von seinem Körper getrennt sein kann.

Die Eßener sprachen von den drei Teilen des Menschen: dem materiellen Körper, dem fühlenden Körper und dem denkenden Körper. Aber sie waren sich stets bewusst, dass diese drei Teile in Wirklichkeit keine Trennung darstellen, denn sie sind alle Teile des einen Ganzen. Und dieser spirituelle, höhere Körper, der spirituelle Körper, ist eins mit und Teil von allem anderen im Universum.

Das Unvermögen des Menschen, dies zu verstehen, verursacht eine unendliche Komplexität falscher Begrenzungen. Er beschränkt sich nicht nur in Bezug auf die Versorgung mit seinen materiellen Bedürfnissen, sondern auch in Bezug auf seine Fähigkeiten, seine Denk-, Fühl- und Handlungskräfte. Er lebt ein mittelmäßiges Leben wegen dieser falschen Vorstellungen von Begrenzungen, die er sich selbst auferlegt. Die moderne Wissenschaft stimmt dem zu und berichtet, dass der Mensch Fähigkeiten hat, die er selten oder nie nutzt. Die Lehren der Eßener zeigen, dass dieser Zustand durch sein Gefühl der Trennung verursacht wird, durch seine selbst auferlegten Begrenzungen, in die er durch seine Abweichungen vom Gesetz verstrickt ist.

Frieden mit dem Reich des Himmlischen Vaters ist daher nur möglich, wenn der Mensch diese Abweichungen beseitigt und lernt, mit dem Gesetz zu kooperieren, indem er Frieden und Harmonie mit jedem der Aspekte des Siebenfachen Friedens herstellt – dem handelnden, denkenden und fühlenden Körper, der Familie, der Menschheit, der Kultur und der Natur. Nur dann kann er den siebten Frieden, den völligen Frieden, erfahren.

Die Eßener lehrten diesen Frieden der Menschheit, damit sie alle Begrenzungen überwinden und Kontakt mit ihrer universellen Quelle aufnehmen konnte – dieselbe Quelle, mit der die großen Meister im Laufe der Jahrhunderte ihr Bewusstsein vereint haben, als sie ihre intuitiven Lehren gaben, um dem Menschen zu zeigen, wie er sich des Gesetzes bewusst werden, es verstehen, mit ihm arbeiten und es in die Tat umsetzen kann.

Die gesamte Geschichte ist ein Zeugnis der selbst auferlegten Begrenzungen des Menschen und seiner Bemühungen, diese zu überwinden. Diese Bemühungen wurden individuell, von Gruppen oder Nationen und im planetarischen Sinne unternommen. Aber sie wurden fast immer negativ, disharmonisch, durch Kampf und weitere Abweichungen vom Gesetz unternommen. So hat sich der Mensch in weitere Begrenzungen, weitere Disharmonien und weitere gedankliche Trennung von seiner Quelle verstrickt.

Das Reich des Himmlischen Vaters steht ihm immer offen. Seine Rückkehr zum universellen Bewusstsein, zur universellen Versorgung, ist immer möglich. Sobald er sich zur Rückkehr entschließt und beharrliche Anstrengungen unternimmt, kann er immer zur Quelle zurückkehren, zu seinem Himmlischen Vater, von dem er gekommen ist und von dem er in Wirklichkeit niemals getrennt war.

Der große Frieden der Eßener lehrt den Menschen, wie er zurückkehren kann, wie er den letzten Schritt machen kann, der ihn mit dem kosmischen Ozean der höheren Strahlungen des gesamten Universums vereint und vollständige Einheit mit dem Himmlischen Vater, der Gesamtheit aller Gesetze, dem Einen Gesetz, erreicht.

Dies war das ultimative Ziel aller Eßener und prägte jeden ihrer Gedanken, Gefühle und Handlungen. Es ist das endgültige Ziel, das die gesamte Menschheit eines Tages erreichen wird.

6.2. Die Kontemplationen am Mittag — Ihre tatsächliche Praxis

Die Friedenskontemplationen am Mittag, die jeden Tag einem anderen der sieben Aspekte des Friedens gewidmet waren, wurden an den Himmlischen Vater gerichtet, mit der Bitte, den Engel des Friedens zu allen zu senden, und dann einen bestimmten Engel zu senden, um jeden Aspekt des Siebenfachen Friedens zu stärken. Die Worte lauten wie folgt:

Frieden mit dem Reich der Erdenmutter

*Unser Vater, der Du bist im Himmel,
sende allen Deinen Engel des Friedens;
dem Reich unserer Erdenmutter den
Engel der Freude.*

Frieden mit dem Geist

*Unser Vater, der Du bist im Himmel,
sende allen Deinen Engel des Friedens;
unserem Geist den Engel der Macht.*

Frieden mit dem Körper

*Unser Vater, der Du bist im Himmel,
sende allen Deinen Engel des Friedens;
unserem Körper den Engel des Lebens.*

Frieden mit der Menschheit

Unser Vater, der Du bist im Himmel, sende allen Deinen Engel des Friedens; der Menschheit den Engel der Arbeit.

Frieden mit der Kultur

Unser Vater, der Du bist im Himmel, sende allen Deinen Engel des Friedens; unserem Wissen den Engel der Weisheit.

Frieden mit der Familie

Unser Vater, der Du bist im Himmel, sende allen Deinen Engel des Friedens; unserer Familie und unseren Freunden den Engel der Liebe.

Frieden mit dem Reich des Himmlischen Vaters

Unser Vater, der Du bist im Himmel, sende allen Deinen Engel des Friedens; Deinem Reich, unserem Himmlischen Vater, Deinen Engel des Ewigen Lebens.

6.3. Der Große Sabbat

Jeder siebte Sabbat wurde der „Große Sabbat" genannt und war dem Frieden mit dem Himmlischen Vater gewidmet. Dies war der transzendentale Frieden, der alle anderen Aspekte des Friedens umfasste. So wurde jeder Bereich des menschlichen Lebens, einer nach dem anderen, berücksichtigt.

Dies war das Muster der Eßener für die Kommunion mit den kosmischen und natürlichen Kräften sowie für die Betrachtung der Aspekte des Friedens, die ihnen zeigten, wie sie die Kräfte in ihrem individuellen Leben anwenden konnten. Wir werden kein gleichwertiges System finden. Es hat die Weisheit von achttausend Jahren hinter sich. Es ist nicht bloß eine Form oder ein Ritual; es ist eine dynamische, intuitive Erfahrung. Es kann die Einheit der Menschheit herstellen.

Die Eßener praktizierten diese Kommunionen und Betrachtungen vor mehr als zweitausend Jahren. Wir können sie auch heute praktizieren.

Ich will Deine Werke mit Dankliedern preisen, unaufhörlich, von Zeit zu Zeit, in den Kreisläufen des Tages und in seiner festgelegten Ordnung; mit dem Kommen des Lichts von seiner Quelle und beim Einbruch des Abends und dem Schwinden des Lichts, beim Schwinden der Dunkelheit und dem Kommen des Tages, unaufhörlich, in allen Generationen der Zeit.

Aus den Danksagepsalmen
der Schriftrollen vom Toten Meer

6.4. Der Siebenfache Eid

Das Gelübde, das der Neophyt ablegen musste, bevor ihm die Worte der Kommunionen gegeben wurden, war in sieben Teile unterteilt, entsprechend der Verwendung der Zahl sieben durch die Eßener. Das Gelübde lautete wie folgt:

Ich will und werde mein Bestes tun, wie der Baum des Lebens zu leben, gepflanzt von den Großen Meistern unserer Bruderschaft, mit meinem Himmlischen Vater, der den Ewigen Garten des Universums pflanzte und mir meinen Geist gab; mit meiner Erdenmutter, die den Großen Garten der Erde pflanzte und mir meinen Körper gab; mit meinen Brüdern, die im Garten unserer Bruderschaft arbeiten.

Ich will und werde mein Bestes tun, jeden Morgen meine Kommunionen mit den Engeln der Erdenmutter und jeden Abend mit den Engeln des Himmlischen Vaters zu halten, wie es die Großen Meister unserer Bruderschaft festgelegt haben.

*Ich will und werde mein Bestes tun,
dem Weg des Siebenfachen Friedens zu
folgen.*

*Ich will und werde mein Bestes tun,
meinen Handelnden Körper, meinen
Fühlenden Körper und meinen Denkenden Körper gemäß den Lehren der Großen Meister unserer Bruderschaft zu
vervollkommnen.*

*Ich werde immer und überall meinem
Meister mit Ehrfurcht gehorchen, der
mir das Licht der Großen Meister aller
Zeiten gibt.*

*Ich werde mich meinem Meister unter-
werfen und seine Entscheidung akzeptieren, was auch immer für Differenzen
oder Beschwerden ich gegen einen
meiner Brüder haben mag, die im Garten unserer Bruderschaft arbeiten; und
ich werde niemals eine Beschwerde gegen einen Bruder in die Außenwelt tra-
gen.*

Ich werde immer und überall alle Traditionen unserer Bruderschaft, die mein Meister mir erzählt, geheim halten; und ich werde diese Geheimnisse niemals ohne die Erlaubnis meines Meisters jemandem offenbaren. Ich werde niemals das Wissen, das ich von meinem Meister erhalten habe, als mein eigenes beanspruchen und ihm stets für dieses Wissen Anerkennung zollen. Ich werde niemals das Wissen und die Macht, die ich durch die Initiation von meinem Meister erlangt habe, für materielle oder egoistische Zwecke verwenden.

Mit dem Kommen des Tages umarme ich meine Mutter, mit dem Kommen der Nacht vereine ich mich mit meinem Vater, und beim Schwinden von Abend und Morgen werde ich ihr Gesetz atmen, und ich werde diese Kommunionen bis zum Ende der Zeit nicht unterbrechen.

Aus den Danksagepsalmen
der Schriftrollen vom Toten Meer

Kapitel 7

Psychologie der Eßener

Die Eßener zeigten ein außergewöhnliches Wissen über Psychologie in ihrer Praxis der Kommunionen mit den natürlichen und kosmischen Kräften. Sie wussten, dass der Mensch sowohl ein bewusstes als auch ein unbewusstes Denken hat und waren sich der Kräfte beider Ebenen voll bewusst.

Indem sie eine Gruppe ihrer Kommunionen zur ersten Aktivität des Morgens machten, setzten sie bewusst Kräfte in Bewegung, die zum Leitmotiv ihres gesamten Tages wurden. Sie wussten, dass ein Gedanke, der stark genug zu Beginn des Tages im Bewusstsein gehalten wird, den Einzelnen den ganzen Tag über beeinflusst. Die morgendlichen Kommunionen öffneten daher den Geist für harmonische Ströme, die es ihnen ermöglichten, spezifische Energieformen in den physischen Körper aufzunehmen.

Die abendlichen Kommunionen, die als letzte Handlung des Tages vor dem Schlafen durchgeführt wurden, nutzten dasselbe Prinzip. Die Eßener wussten, dass diese letzten Gedanken das Unterbewusstsein die ganze Nacht über beeinflussten und dass die abendlichen Kommunionen das Unterbewusstsein somit in Kontakt mit dem Speicherhaus der höheren kosmischen Kräfte brachten. Sie wussten, dass der Schlaf auf diese Weise zu einer Quelle tiefsten Wissens werden kann.

Der Durchschnittsmensch erfährt dies manchmal, indem er ein Problem im Schlaf gelöst findet, oft auf eine Weise, die von seinem gewöhnlichen Gedankengang abweicht. Viele Wissenschaftler, Schriftsteller und andere kreative Arbeiter haben ebenfalls festgestellt, dass ihre Erfindungen und Ideen ihnen während der Nacht oder in den frühen Morgenstunden gekommen sind.

Das im Schlaf empfangene Wissen ist eine Wirkung des Naturgesetzes. Obwohl für die Mehrheit der Schlaf wenig mehr als eine Zeit der Entgiftung und der physiologischen Regeneration darstellt, bedeutet er für die kleine Minderheit die psychologische Vervollkommnung des Individuums. Die Eßener wussten, dass die höheren Kräfte, die vor dem Schlafengehen in Bewegung gesetzt wurden, wenn die irdischen Kräfte der unzähligen Aktivitäten des Tages zur Ruhe gekommen sind, zur fortschreitenden Erreichung der erhabenen Ziele ihrer abendlichen Kommunionen führen würden.

Sie wussten auch, dass jeder negative oder disharmonische Gedanke, der in ihrem Bewusstsein gehalten wird, wenn sie zu Bett gehen, ihre Widerstandskraft gegen die negativen Kräfte der Außenwelt verringern würde.

Sie hatten ein tiefes Wissen über den Körper ebenso wie über den Geist. Sie wussten, dass die beiden nicht getrennt werden können, da sie eine dynamische organische Einheit bilden, und dass das eine das andere beeinflusst. Die Eßener waren der psychosomatischen Medizin um mehrere tausend Jahre voraus.

Sie wussten, dass die Gesundheit des Körpers viel mit der Aufnahme der höheren Kräfte zu tun hat, und dass ein entgifteter Organismus besser in der Lage ist, Kontakt mit ihnen herzustellen als ein Körper, dessen Kräfte durch die Belastung der Ausscheidung von Giftstoffen während des Schlafes teilweise gelähmt sind. Die überlegenen Offenbarungen, die uns aus der Antike von großen Denkern und Lehrern überliefert wurden, kamen von jenen, die ausnahmslos ein sehr einfaches und harmonisches Leben führten. Ihre Körper waren daher extrem gesund. Es war kein Zufall, dass die großen Meister diese Offenbarungen der Wahrheit erhielten; ihre Organismen hatten Fähigkeiten entwickelt, die Menschen fehlten, deren Leben weltlicheren Zielen gewidmet waren. Die Lehren und die Lebensweise der Eßener förderten die Entwicklung dieser Fähigkeiten.

Sie legten großen Wert auf die Nahrung, die sie zu sich nahmen, damit sie im Einklang mit dem Naturgesetz stand, aber sie waren ebenso sorgfältig in Bezug auf ihre „Nahrung" aus Gedanken und Emotionen. Sie waren sich voll bewusst, dass das Unterbewusstsein des Menschen wie eine empfindliche Platte ist, die alles registriert, was das Individuum sieht oder hört. Daher war es notwendig, alle minderwertigen Gedanken wie Angst, Sorge, Unsicherheit, Hass, Unwissenheit, Egoismus und Intoleranz vom Tor des Unterbewusstseins fernzuhalten.

Das Naturgesetz, dass zwei Dinge nicht gleichzeitig denselben Raum einnehmen können, war ihnen klar, und sie wussten, dass ein Mensch nicht zwei Dinge gleichzeitig denken kann. Wenn der Geist also mit positiven, harmonischen Gedanken gefüllt ist, können negative und disharmonische Gedanken keinen Platz darin finden. Positive, harmonische Gedanken müssen ins Unterbewusstsein eingeführt werden, um minderwertige Gedanken zu ersetzen, so wie die Zellen des Körpers ständig durch Nahrung, Luft und Wasser ersetzt werden, während die alten Zellen abgebaut werden. Dies war Teil der Aufgabe, die durch die Kommunionen der Eßener erreicht wurde, indem sie morgens, mittags und abends überlegene Gedanken- und Gefühlsströme in den denkenden und fühlenden Körper einführten.

Das Unterbewusstsein kann durch eine „Diät" aus guten und harmonischen Gedanken und Gefühlen regeneriert werden, die den ganzen Tag über verabreicht wird, besonders jedoch in den Momenten des „Grenzbewusstseins", wenn seine Aufnahmefähigkeit am besten ist. Wenn es auf diese Weise regeneriert wird, wird es zu einer Quelle der Energie und

Harmonie für Geist und Körper. Es wird ein Freund sein, der konstruktive und harmonische Botschaften an jeden Teil des Körpers sendet und dafür sorgt, dass sie effizient funktionieren.

Bestimmte Fakten, die den Eßenern über das Einführen von Gedanken ins Unterbewusstsein bekannt waren, sind von modernen Psychologen wiederentdeckt worden. Es ist bekannt, dass das Unterbewusstsein, wenn eine Person voll bewusst ist, eine gezielte Suggestion nicht leicht akzeptiert. Und wenn sie sich im unbewussten Zustand befindet, kann sie natürlich ihr Unterbewusstsein nicht bewusst beeinflussen. Es gibt jedoch Momente, in denen das Bewusstsein nur halb im Unterbewusstsein versunken ist – Momente, die kurz vor dem Einschlafen, kurz nach dem Aufwachen oder manchmal in einem Zustand des Träumens durch schöne Musik oder Poesie auftreten. In diesen Momenten ist das Unterbewusstsein am aufnahmefähigsten für das, was ihm gegeben wird.

Viele Lehren großer Religionen und Praktiken alter und moderner philosophischer Systeme, sowohl im Osten als auch im Westen, sowie die der Eßener nutzen diese äußerst wichtige psychologische Tatsache.

Das Unterbewusstsein ist dynamisch, ständig im Wandel, ebenso wie die Zellen des Körpers, und es wird kontinuierlich durch die Erfahrungen und Eindrücke, die es vom bewussten Geist empfängt, genährt. Diese Erfahrungen umfassen alle Gedanken und Gefühle, die stark genug empfunden werden, um einen Eindruck auf das Unterbewusstsein zu hinterlassen. Die traumatischen Erfahrungen der Kindheit sind jene, die mit großer Intensität empfunden wurden und in das Unterbewusstsein eingespeist, aber nie durch neue und konstruktivere Eindrücke und Erfahrungen ersetzt wurden.

Das Unterbewusstsein wurde als die Gesamtheit der Erfahrungen eines Individuums von der Geburt bis zum aktuellen Moment definiert. Jede neue, dynamische Erfahrung verändert es; und es kann bewusst verändert werden, je nachdem, wie intensiv der Eindruck ist, der in es eingeführt wird. Je intensiver der Eindruck, desto beständiger wird er im Unterbewusstsein sein.

Die Eßener wussten, dass bestimmte andere Faktoren das Akzeptieren eines Gedankens oder Gefühls durch das Unterbewusstsein bestimmen. Einer davon war, dass wenn der bewusste Geist den Gedanken nicht als Realität und Möglichkeit akzeptiert, das Unterbewusstsein ihn ebenfalls ablehnen wird.

Ein weiterer Faktor war die Notwendigkeit, den Gedanken spontan und ohne Anstrengung ins Unterbewusstsein zu projizieren. Wenn eine Anstrengung unternommen wird, wird der voll bewusste Zustand hervorgerufen, und das Unterbewusstsein kann nicht erreicht werden. Um spontan und mühelos zu handeln, ist völlige Entspannung von Geist und Körper erforderlich. Dies war Teil der Praxis der Eßener.

Den ersten Schritt zur Entspannung erreichten sie, indem sie die Spannungen oder Verkrampfungen einer Muskelgruppe nach der anderen in verschiedenen Körperbereichen lösten. Der zweite Schritt war flaches Atmen. Dies verringert den Sauerstofftransport in die Lungen und mindert so die Aktivitäten der Nerven und anderer Teile des Organismus, da Aktivität und Entspannung nicht gleichzeitig stattfinden können. Der dritte Schritt bestand darin, das Denken zu vermeiden. Für den modernen Menschen ist dies in der Regel nicht einfach. Eine Möglichkeit, dies zu erreichen, besteht darin, sich in völliger Dunkelheit und Stille die Dunkelheit von schwarzem Samt vorzustellen und an nichts anderes zu denken. Durch diese drei Schritte brachten die Eßener eine Art Halbbewusstsein hervor, in das ein neuer Gedanke oder ein neues Gefühl leicht in das Unterbewusstsein eingeführt werden konnte.

Der in dieser Weise eingeführte Gedanke sollte rhythmisch genug sein, um den Zustand der Entspannung und des Halbbewusstseins aufrechtzuerhalten. Und er sollte ausreichend Kraft haben, um in das Unterbewusstsein einzudringen und vollständig als Realität akzeptiert zu werden. Diese Voraussetzungen, um Gedanken und Gefühle bewusst ins Unterbewusstsein zu pflanzen, wurden in der Praxis der Eßener Kommunionen perfekt erfüllt.

Es wurde gezeigt, dass es völlig dem Einzelnen überlassen ist, was er zum Inhalt seines Unterbewusstseins hinzufügt, welche Art von neuen „Zellen" er darin aufbauen wird. Er kann vom Gesetz abweichen und ein Sklave seines Unterbewusstseins werden, oder er kann aktiv an seiner Regeneration teilnehmen.

Das Wissen der Eßener über das bewusste Denken war ebenso tiefgehend wie ihr Verständnis des Unterbewusstseins. Ihr Konzept der Psychologie war so umfassend, dass sie wussten, dass die Ziele ihrer Kommunionen nicht allein durch intellektuelle Prozesse erreicht werden konnten, sondern dass auch die Kraft der Gefühle notwendig ist. Wissen muss eine Emotion hervorrufen, bevor eine Handlung ausgelöst wird.

Gefühle sind nicht nur ein unwillkürlicher Prozess, wie viele Menschen glauben. Sie sind ein Teil der Willensaktivität. Die Eßener betrachteten den Willen als Mechanismus, der drei Faktoren umfasst: Gedanken, Gefühle und Handlungen. Dieses Konzept kann in modernen Begriffen durch den Vergleich mit den Teilen eines Autos veranschaulicht werden. Gedanken sind das Lenkrad; Gefühle sind der Motor oder die Kraft; Handlungen entsprechen den Rädern. Um ein bestimmtes Ziel zu erreichen, das durch den Willen bestimmt wird, müssen alle drei Teile zusammenarbeiten. Ein Ziel wird gedacht, ein Wunsch oder Gefühl wird geweckt, eine Handlung erfolgt.

Der Wille kann verwendet werden, um Gefühle zu wecken; oft muss er verwendet werden, wenn ein gewünschtes Gefühl geweckt werden soll. Er kann durch Training entwickelt werden. Eine Technik, die den Eßenern bekannt war, ermöglichte es dem Individuum, den Willen auf jede gewünschte Weise einzusetzen.

Nur wenige Menschen wissen das; nur wenige wissen, dass ihre Gefühle beherrscht werden können. Dies liegt daran, dass sie nicht wissen, wie sie ihre Gedanken und ihre Gefühle so miteinander verbinden können, dass die gewünschte Handlung daraus resultiert. Sie mögen das richtige Wissen haben, aber stets entgegen diesem Wissen handeln; sie mögen zum Beispiel das richtige Wissen über Gesundheit haben, aber weiterhin Nahrungsmittel zu sich nehmen, die schädlich sind. Doch eine Emotion, wie die Angst vor Schmerz oder Tod, wird sie veranlassen, richtig zu handeln.

Von den drei Kräften – Gedanke, Gefühl und Handlung – ist der Gedanke die jüngste und folglich der schwächste Einfluss im Bewusstsein des Menschen. Doch der Mensch entwickelt sich weiter; seine Denkkraft nimmt stetig zu. Der Gedanke ist das edelste Gut des Menschen. Es ist eine Fähigkeit, die unter seiner individuellen Kontrolle steht; er kann über jedes Thema nachdenken, das er möchte. Er kann seine Gefühle durch den Gedanken kontrollieren.

Gefühle haben eine Geschichte von Hunderttausenden von Jahren und haben daher ein viel stärkeres Momentum aufgebaut als Gedanken. Folglich bestimmen sie, nicht der Gedanke, die meisten Handlungen des Menschen. Instinkte kontrollieren die Tiere. Aber der Mensch, wenn er aufhören will, die Kräfte der Rückschrittlichkeit zu repräsentieren, muss lernen, sowohl Instinkt als auch Gefühl zu kontrollieren. Dies kann er durch den Willen tun.

Die Eßener glaubten, dass der Mensch seine Gedanken und Gefühle analysieren und bestimmen sollte, welche ihm die Kraft geben, eine gewünschte Handlung auszuführen, und welche sie lähmen.

Wenn er eine gute Tat vollbringt und sie analysiert, kann er herausfinden, welche Gedanken und Gefühle seine Handlung motiviert haben. Dann wird er verstehen, welche Art von Gedanken und Gefühlen er pflegen sollte.

Er wird feststellen, dass die Tat nicht durch einen abstrakten Gedanken oder ein kaltes intellektuelles Konzept motiviert wurde. Taten werden durch Gedanken angeregt, die Vitalität und Farbe haben, die Gefühle hervorrufen. Nur dann haben sie genug Kraft, um in Handlungen zu münden.

Farbe und Vitalität werden den Gedanken durch die kreative Vorstellungskraft verliehen. Gedanken müssen Bilder erschaffen, die lebendig sind. Menschen im Osten haben lange die Kunst praktiziert, Gedanken lebendig zu machen, voller Bilder und Vorstellungen. Aber es ist eine Kunst, die im Westen stark vernachlässigt und fast vergessen wurde.

Zerstreute, zusammenhangslose Gedanken, die von einem Ding zum anderen schweifen, sind nur blasse

Schemen ohne Leben. Sie sind steril, rufen keine Gefühle und keine Handlungen hervor. Sie sind wertlos.

Hinter jeder Handlung steht immer ein Gefühl. Ein richtiges Gefühl ist notwendig, um eine richtige Handlung zu erzeugen. Richtige Gefühle sind Quellen von Energie, Harmonie und Glück. Wenn sie nicht Quellen dieser Qualitäten sind, sind sie nicht nur wertlos, sondern gefährlich.

Gefühle können in zwei Kategorien eingeteilt werden: diejenigen, die Energie erzeugen, und diejenigen, die sie erschöpfen. Durch diese Analyse kann der Mensch beginnen, Willenskraft zu entwickeln.

Indem er alle Gefühle stärkt, die Energie erzeugen, und diejenigen vermeidet, die zu ihrer Erschöpfung führen, fanden die Eßener heraus, dass der Wille erlangt wird. Die Ausübung des Willens bedeutet beharrliche und geduldige Anstrengung. Durch sie werden die überlegenen Gefühle eines Individuums allmählich ein riesiges Reservoir an Energie und Harmonie schaffen, und die minderwertigen Gefühle, die zu Schwäche und Ungleichgewicht führen, werden schließlich beseitigt.

Das Gefühl, das die größte Energie erzeugt, ist Liebe, in all ihren Ausdrucksformen, denn Liebe ist die ursprüngliche Quelle allen Seins, aller Energiequellen, Harmonie und Wissens. In der irdischen Natur manifestiert, gibt sie alles, was für die Gesundheit notwendig ist. Im menschlichen Organismus manifestiert, verleiht sie allen Zellen, Organen und Sinnen des Organismus dynamische Harmonie. Im Bewusstsein manifestiert, macht sie es dem Menschen möglich, das kosmische und natürliche Gesetz zu verstehen, einschließlich der sozialen und kulturellen Gesetze, und sie als Quellen der Harmonie und des Wissens zu nutzen. Der Wille ist der Schlüssel zur Manifestation dieser größten Energiequelle.

Die drei Feinde des Willens sind Zerstreuung der Energie, Faulheit und Sinnlichkeit. Diese drei können zu einem weiteren mächtigen Feind des Willens führen: Krankheit. Gute Gesundheit ist der beste Freund des Willens. Ein dynamischer, gesunder Mensch befiehlt, und der Wille gehorcht; wohingegen Muskelschmerz oder Nervenschwäche den Willen lähmen. Dies war einer der Gründe, warum die Eßener so großen Wert auf gute Gesundheit und eine Lebensweise und Denkweise legten, die Gesundheit fördert.

Die Praxis der Kommunionen erforderte ständige Übung und Einsatz des Willens. Sie betrachteten jede große Errungenschaft der menschlichen Kultur als Ergebnis der Ausübung des Willens und glaubten, dass wahre Werte nur von denen geschaffen werden, die den Willen nutzen. Sie erkannten die Notwendigkeit, ihn zu schulen, und betrachteten die Lenkung der Gefühle durch eine kraftvolle kreative Vorstellungskraft als Schlüssel zur Erziehung des Willens.

Durch ihr tiefes Verständnis der psychologischen Kräfte lehrten die Eßener in ihren Kommunionen den Menschen den Weg zur Freiheit, den Weg zur Befreiung von der blinden Akzeptanz negativer Bedingungen, sei es im physischen Körper oder im Geist. Sie zeigten den Weg zur optimalen Entwicklung von Geist und Körper.

Er hat dem Menschen zwei Geister zugewiesen, mit denen er wandeln soll.
Es sind die Geister der Wahrheit und der Falschheit:
Wahrheit, geboren aus der Quelle des Lichts,
Falschheit aus dem Brunnen der Dunkelheit.
Die Herrschaft über alle Kinder der Wahrheit liegt in den Händen der Engel des Lichts, damit sie in den Wegen des Lichts wandeln.
Die Geister von Wahrheit und Falschheit ringen im Herzen des Menschen, handelnd mit Weisheit und Torheit.
Und wenn ein Mensch die Wahrheit erbt, wird er die Dunkelheit meiden.

Aus den Danksagepsalmen
der Schriftrollen vom Toten Meer

Segen über alle, die ihr Schicksal dem Gesetz unterworfen haben; die in all ihren Wegen wahrhaftig wandeln.
Möge das Gesetz sie mit allem Guten segnen
Und sie vor allem Bösen bewahren
Und ihre Herzen erleuchten mit Einsicht in die Dinge des Lebens
Und sie mit Wissen um die ewigen Dinge begnaden.

Aus den Danksagepsalmen
der Schriftrollen vom Toten Meer

Kapitel 8

Persönliche
Bestandsaufnahme

Vor Tausenden von Jahren praktizierten die Eßener ein System der Psychoanalyse, das weit umfassender war als die Psychoanalyse, wie sie heute praktiziert wird. Es liegt zeitlich weit von uns entfernt, besitzt jedoch eine universelle Qualität, die der modernen Psychotherapie fehlt.

Es stellt eine persönliche Bestandsaufnahme Ideale von Verhalten und individueller Entwicklung der Eßener dar und kann dem modernen Menschen als eine Bilanz seiner Übereinstimmung mit dem Gesetz der Harmonie von größtem Nutzen sein.

Die Eßener, die der Ansicht waren, dass der Mensch inmitten eines Feldes von Kräften lebt, wussten, dass die natürlichen und kosmischen Kräfte, die ihn umgeben und durch ihn hindurchfließen, überlegene, positive Kräfte sind. Aber sie wussten auch, dass der Mensch durch seine Abweichungen vom Gesetz im Denken, Fühlen und Handeln ständig negative, minderwertige Kräfte erzeugt, in deren Mitte er ebenfalls lebt. Er ist mit all diesen Kräften verbunden und kann sich von ihnen nicht trennen; zudem kooperiert er immer, bewusst oder unbewusst, entweder mit den überlegenen Kräften oder mit den minderwertigen. Er kann nicht neutral bleiben.

In diesem Eßener-System, das erstmals zur Zeit Zarathustras praktiziert wurde, führte der Einzelne eine wöchentliche Selbstanalyse seiner Gedanken, Worte und Taten durch. Dieses Ausbalancieren zeigte, in welchem Maße er mit den überlegenen Kräften kooperierte oder von ihnen abwich, und gab ein Querschnittsbild seines Charakters, seiner Fähigkeiten und seines körperlichen Zustands, was somit den Grad seiner Entwicklung im Leben aufzeigte.

Die Analyse ermöglichte es ihm, seine Stärken und Schwächen zu erkennen. Durch das aufrichtige und energische Streben, sein Denken, Fühlen und Handeln stetig zu verbessern, machte er Fortschritte bei der lebenslangen Aufgabe der Selbstverbesserung.

Es mag einige geben, die der Meinung sind, dass es bei all den modernen Wissenschaften nicht notwendig sei, 8000 Jahre zu einer alten Lehre zurückzugehen. Aber die Frage bleibt, wie viel die Entwicklungen der Wissenschaft zur Steigerung des menschlichen Glücks und Wohlbefindens beigetragen haben. Die allgemeine Unsicherheit und Neurose der Gegenwart sowie die weit verbreitete wirtschaftliche und soziale Unruhe geben eine eindeutig negative Antwort. Der Mensch hat eine enorme Menge theoretischen Wissens im Rahmen seiner wissenschaftlichen Kultur erlangt, aber dies hat weder sein Glück noch seine individuelle Entwicklung gesteigert. Es hat ihm nicht geholfen, sich mit dem Universum, dem kosmischen System zu verbinden oder seine Rolle und seinen Platz darin zu erkennen.

Ohne ein solches Wissen kann der Mensch weder den Weg der optimalen Entwicklung für sich noch für den Planeten gehen.

Die heutige Neurose wird durch die gegenwärtigen Abweichungen des Menschen vom Gesetz der Harmonie mit den natürlichen und kosmischen Kräften verursacht. Wenn ein Mensch sein Bestes tut, um in Harmonie mit ihnen zu leben, wird er niemals eine Neurose entwickeln.

Die heutige Psychologie neigt dazu, nur eine oder zwei dieser natürlichen Kräfte zu betonen. Freud zum Beispiel sah allein die Abweichungen vom Gesetz der natürlichen Sexualkraft als Ursache für die Disharmonie des Menschen an; andere konzentrierten sich auf andere Formen der Abweichung. Das System, das zur Zeit Zarathustras praktiziert wurde, betrachtete jedoch die Harmonie mit allen natürlichen und kosmischen Kräften als notwendig für eine umfassende Gesundheit und psychische Ausgeglichenheit. Seine Überlegenheit gegenüber anderen Systemen liegt in seiner Vielseitigkeit und Universalität.

Es zeigt, dass die Aufgabe der Selbstverbesserung Tag für Tag vom Individuum selbst geleistet werden muss. Die Psychoanalyse hingegen hängt größtenteils vom Analysten ab, da die analysierte Person eine eher passive Rolle übernimmt. Im zoroastrischen System ist das Erreichen von Harmonie eine lebenslange Aufgabe des Individuums und nicht die Arbeit von jemand anderem, die in ein paar Jahren oder weniger abgeschlossen wird.

Die sechzehn Elemente, die in diesem System verwendet werden, umfassen jeden Aspekt des menschlichen Lebens. Sie entsprechen in gewissem Maße den vierzehn Kräften, die durch den Eßener Lebensbaum symbolisiert werden. Es war nicht die Absicht der Eßener, weder zur Zeit Zarathustras noch später, die natürlichen und kosmischen Kräfte in ein starres oder künstliches Muster zu unterteilen, sondern sie einfach so zu betrachten, dass ihr Wert und ihre Nutzbarkeit im menschlichen Leben am besten zum Ausdruck kommen.

Perfektion wurde in der Analyse nicht gefordert, aber das Individuum wurde ermutigt, ständig danach zu streben, seine Beziehung zu jeder der sechzehn Kräfte zu verbessern und immer größere Harmonie und Nutzung ihrer Kräfte und Energien zu erreichen. Derjenige, der dies tut, wird ein aktiv kreatives Leben genießen, das ihm das höchste Maß an Glück und Dienst an anderen bringt. Derjenige, der weiterhin abweicht, wird das Leben als immer weniger interessant und lohnend empfinden, während Elend und Frustration immer größer werden.

Die Lehren der Eßener gaben dem Menschen ein klares Wissen über seinen Platz und seine Rolle im Universum, und ihre Methode der wöchentlichen

Selbstanalyse ermöglichte es ihnen zu wissen, wie klar sie die Lehre verstanden hatten und wie gründlich sie sie praktizierten und den Weg ihrer individuellen Entwicklung verfolgten.

Von den sechzehn Kräften, die in der Analyse genutzt wurden, gehörten acht zu den irdischen Kräften und acht zu den kosmischen. Die irdischen Kräfte waren die Sonne, Wasser, Luft, Nahrung, Mensch, Erde, Gesundheit und Freude. Die kosmischen Kräfte waren Macht, Liebe, Weisheit, der Bewahrer, der Schöpfer, das ewige Leben, Arbeit und Frieden.

Die Analyse betrachtete jede der Kräfte aus drei verschiedenen Perspektiven.

1. Wird die Kraft oder Macht verstanden?

2. Empfindet der Einzelne die Bedeutung der Kraft tief und aufrichtig?

3. Wird die Kraft beständig und auf die bestmögliche Weise genutzt?

8.1. Die Irdischen Kräfte

Die folgenden sind die Bedeutungen und Verwendungen der irdischen Kräfte.

Die Sonne ist eine sehr wichtige Energiequelle, und ihre Sonnenkraft ist täglich in der Form zu nutzen, die am besten für die Gesundheit und das Wohlbefinden des Einzelnen ist.

Wasser ist ein wesentliches Element des Lebens. Es soll auf die richtige Weise in der Ernährung verwendet werden, und ein tägliches Bad ist das ganze Jahr über jeden Morgen zu nehmen.

Luft spielt eine enorme Rolle für die Gesundheit des Körpers, und so viel Zeit wie möglich soll im Freien verbracht werden, um reine, frische Luft zu atmen und die Energien der Atmosphäre für die Gesundheit zu nutzen.

Nahrung soll die richtige Art haben und in der richtigen Menge eingenommen werden, um dem Organismus eine weitere lebenswichtige Kraft zu liefern.

Der Mensch wurde als eine Kraft betrachtet, die das Recht und die Verantwortung jedes Einzelnen für seine eigene Entwicklung repräsentiert. Jeder Mensch soll jeden Moment nutzen, um seinen Fortschritt im Leben voranzutreiben. Dies ist eine Aufgabe, die niemand für ihn erledigen kann. Er soll seine eigenen Potenziale kennen und verstehen und den praktischsten Weg finden, sie im Dienst der Menschheit zu entwickeln und zu nutzen.

Die Erde repräsentiert die beiden Aspekte der schöpferischen Kraft, die für ein reichhaltigeres Leben auf dem Planeten sorgt. Der eine Aspekt schafft Leben aus dem Boden, indem er Bäume und alle Vegetation hervorbringt. Der andere manifestiert sich in den sexuellen Energien des Menschen. Der Einzelne soll die optimalen Wege verstehen und nutzen, um Pflanzen und Nahrung anzubauen und ein harmonisches Sexualleben zu führen.

Gesundheit hängt von der harmonischen Beziehung des Menschen zu allen Kräften der Erde ab – zur Sonne, zum Wasser, zur Luft, zur Nahrung, zum Menschen, zur Erde und zur Freude. Der Einzelne soll die Bedeutung guter Gesundheit sowohl für sich selbst als auch für andere erkennen und alle Wege praktizieren, seine Gesundheit im Denken, Fühlen und Handeln zu verbessern.

Freude ist ein grundlegendes Recht des Menschen, und er soll alle seine täglichen Aktivitäten mit einem tiefen Gefühl der Freude ausführen, das in ihm aufsteigt und um ihn herum ausstrahlt, in dem Bewusstsein ihrer großen Bedeutung für ihn selbst und andere.

Dies sind die Naturkräfte, die der Mensch lernen soll zu verstehen und zu nutzen. Die folgenden acht kosmischen Kräfte sind jedoch noch wichtiger im Leben des Menschen, denn er kann nicht in vollständiger Harmonie mit den irdischen Kräften leben, wenn er nicht auch in Harmonie mit den himmlischen Mächten ist.

8.2. Die Kosmischen Kräfte

Kraft manifestiert sich kontinuierlich durch die Handlungen und Taten des Menschen, die beide das Ergebnis seiner Zusammenarbeit oder fehlenden Zusammenarbeit mit allen anderen Kräften und Mächten sind, im Einklang mit dem ehernen Gesetz von Ursache und Wirkung. Der Einzelne soll die Bedeutung guter Taten verstehen und erkennen, dass seine Persönlichkeit, seine Stellung und seine Umgebung im Leben das Ergebnis seiner vergangenen Taten sind, ebenso wie seine Zukunft genau das sein wird, was seine gegenwärtigen Taten daraus machen. Er soll daher stets bestrebt sein, gute Taten zu vollbringen, die mit den Gesetzen der Natur und des Kosmos im Einklang stehen.

Liebe wird in Form von sanften und freundlichen Worten gegenüber anderen ausgedrückt, die die eigene Gesundheit und das Glück sowie das der anderen beeinflussen. Aufrichtige Liebe zu allen Wesen soll durch harmonische Gefühle und Worte manifestiert werden.

Weisheit manifestiert sich in Form guter Gedanken, und es ist das Vorrecht und Recht des Menschen, sein Wissen und Verständnis in jeder möglichen Weise zu erweitern, damit er nur gute Gedanken denken kann. Er soll danach streben, in Weisheit zu wachsen, um die kosmische Ordnung und seine eigene Rolle darin immer besser zu verstehen. Nur durch das Erreichen eines gewissen Grades an Weisheit kann der Mensch lernen, nur gute Gedanken in seinem Bewusstsein zu halten und es abzulehnen, negative oder zerstörerische Gedanken über irgendeine Person, einen Ort, eine Bedingung oder eine Sache zu hegen.

Erhaltung von Werten betrifft die Fähigkeit, alles zu bewahren, was nützlich und von wahrem Wert ist, sei es ein Baum, eine Pflanze, ein Haus, eine Beziehung zwischen Menschen oder Harmonie in jeglicher Form. Wenn jemand etwas Gutes zerstört oder es zulässt, dass etwas Gutes verschwendet wird, verfällt oder beschädigt wird, ob materiell oder immateriell, so arbeitet er mit den negativen, zerstörerischen Kräften der Welt zusammen. Jede Gelegenheit soll genutzt werden, um Schäden an allem zu verhindern, was von Wert ist.

Schöpfung bedeutet, dass der Mensch seine schöpferischen Kräfte nutzen soll, da seine Rolle auf dem Planeten darin besteht, die Arbeit des Schöpfers fortzusetzen. Er soll daher so oft wie möglich versuchen, etwas Originelles und Kreatives zu schaffen, etwas Neues und Anderes, sei es eine Erfindung, ein Kunstwerk oder irgendetwas, das anderen nützt.

Ewiges Leben bezieht sich auf die Aufrichtigkeit des Menschen gegenüber sich selbst und anderen in allem, was er tut, und gegenüber allen, denen er begegnet. Er soll tief aufrichtig sein bei der Analyse seiner Beziehungen, seines Verständnisses und der Nutzung aller Kräfte der Natur und des Kosmos; und er soll sich bemühen, sich selbst ehrlich zu bewerten, so wie er tatsächlich ist, ohne sein Handeln, seine Worte oder Gedanken zu rationalisieren oder zu rechtfertigen.

Arbeit ist die Voraussetzung für viele andere Werte. Sie bedeutet, die täglichen Aufgaben mit Sorgfalt und Effizienz zu erledigen. Es ist der Beitrag des Einzelnen zur Gesellschaft und eine Voraussetzung für das Glück aller Beteiligten, denn wenn jemand seine Arbeit nicht richtig macht, müssen andere sie erledigen. Der Mensch soll lernen, eine tiefe Zufriedenheit in seiner Arbeit zu empfinden, damit er der Gesellschaft alles zurückgeben kann, was er von ihr erhält.

Frieden soll von jedem Einzelnen geschaffen und aufrechterhalten werden, sowohl in ihm selbst als auch um ihn herum, damit er ein Instrument sein kann, um Disharmonie, Feindschaft und Kriege zu verhindern, da der Zustand der ganzen Menschheit vom Zustand ihrer Atome, der Individuen, die sie bilden, abhängt. Der Einzelne soll tief das Bedürfnis nach diesem inneren Frieden empfinden und alles tun, um ihn überall dort zu schaffen und zu bewahren, wo er sich befindet.

Derjenige, der sich selbst nach diesen sechzehn Lebenskräften bewertet, wird klar erkennen, wo seine persönliche Entwicklung verbessert werden kann und auf welche Weise er stärker zur Evolution der Menschheit beitragen kann.

Indem er dies tut, wird er sich seinem endgültigen Ziel, dem Ziel, auf das die gesamte Menschheit hinstrebt, näher kommen: der Vereinigung mit dem Himmlischen Vater.

Ich habe die innere Vision erreicht,
und durch Deinen Geist in mir habe ich
Dein wundersames Geheimnis vernommen.
Durch Deine mystische Einsicht hast Du
eine Quelle des Wissens in mir aufsprudeln lassen,
Einen Brunnen der Kraft, der lebendiges Wasser hervorströmt,
Eine Flut der Liebe und allumfassenden Weisheit,
Gleich dem Glanz des ewigen Lichts.

Aus dem Buch der Hymnen
der Schriftrollen vom Toten Meer

Möge Er Dich mit allem Guten segnen.
Möge Er Dich vor allem Bösen bewah-
ren und Dein Herz mit dem Wissen des
Lebens erleuchten und Dich mit ewiger
Weisheit begnaden.
Und möge Er Dir seinen siebenfachen
Segen schenken, zu ewigem Frieden.

Aus dem Handbuch der Disziplin
der Schriftrollen vom Toten Meer

DER ESSENER BAUM DES LEBENS

MIT DEN MORGEN- UND ABENDKOMMUNIONEN

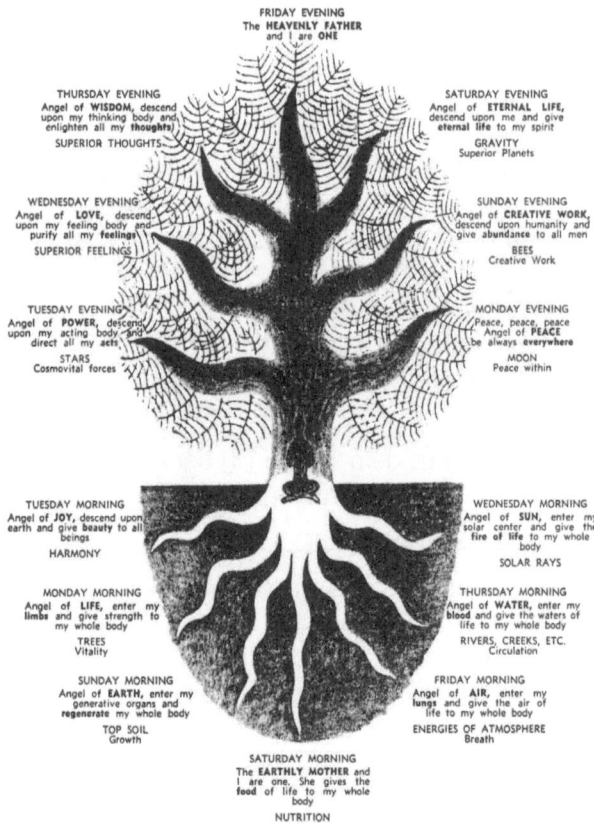

Aus dem Original von Edmond Bordeaux Székely

Die Kommunionen der Kinder des Lichts mit den Engeln

Joyful-Life Morgen- und Abendmeditationen

von

Dr. Jörg Berchem

Sonntag		Montag		Dienstag		Mittwoch		Donnerstag		Freitag		Samstag	
morgens	abends	morgens	abends	morgens	abends	morgens	abends	morgens	abends	morgens	abends	morgens	abends
Mutter Erde		Engel des Wassers		Engel des Erdbodens		Engel der Freude		Engel der Luft		Engel der Sonne		Engel des Lebens	
	Engel des Ewigen Lebens		Engel der Kreativen Arbeit		Engel der Kraft		Engel der Liebe		Engel des Friedens		Engel der Weisheit		Vater Himmel
Wurzel Chakra		Sacral Chakra		Solar Plexus		Herz Chakra		Kehl Chakra			Drittes Auge	Kronen Chakra	
Erde		Mond		Mars		Merkur		Jupiter		Venus		Saturn	Sonne+

DIE *JOYFUL-LIFE* COMMUNITY

Nachfolger der *International Biogenic Society*

Mehr Inspirationen, Bücher und Seminare:
www.community.Joyful-Life.org

Dieses hauptsächlich englischsprachige Netzwerk ist der Nachfolger der von Edmond Bordeaux Székely gegründeten *International Biogenic Society*. Unser Wunsch ist es, sein Werk und die Eßener Lehren zu bewahren.

In unserer Online-Gemeinschaft kannst Du mit anderen kommunizieren, die sich für dieses Thema interessieren, und Bücher, Fotos, Videos, Downloads, Online-Kurse und persönliche Treffen finden. Hier kannst Du nach anderen Kindern des Lichts oder einer Gruppe in Deiner Nähe suchen oder Deine Veranstaltung bewerben.

Die *Joyful-Life-Community* ist der Ort für einen bewussteren, natürlichen, spirituellen, liebevollen, friedlichen, achtsamen und erfüllten Lebensstil. Freunde der Eßener Lehren und Székelys' Büchern sind auf der ganzen Welt verstreut. Dies ist der Ort, um Verbindungen zu knüpfen. Verbindungen, die Teil eines größeren, tieferen spirituellen Zwecks werden und Dich der Wahrheit dessen, wer Du wirklich bist, und dem Geheimnis Deines Lebens näherbringen. Es ist ein Ort, an dem Du Du selbst sein kannst – mit all Deinen guten Seiten und all den Teilen, die Du vielleicht noch als unvollständig betrachtest.

Dies ist eine Gemeinschaft, in der wir jede Person, alle Brüder und Schwestern, alle Tiere und Pflanzen, die ganze Welt, mit höchstem RESPEKT und LIEBE betrachten.

Dies ist ein Ort, den Deine Seele und Dein Körper ihr Zuhause nennen können. Es ist ein Ort, an dem wir eine andere Welt schaffen, die auf Liebe und Frieden fokussiert ist. Eine Welt, die auf ein demütiges, natürliches, reiches Leben ausgerichtet ist, in dem man gesund und zufrieden ist.

Du bist herzlich willkommen.

www.community.Joyful-Life.org

WEITERFÜHRENDE LITERATUR

Die Frohe Botschaft von Liebe und Frieden

Das Friedensevangelium der Essener, Bücher I bis IV

Edmond Bordeaux Székely, Jörg Berchem (Hrsg.)

Spiritualität & Esoterik
Hardcover
436 Seiten
ISBN-13: 9783759796240
Verlag: BoD - Books on Demand
Erscheinungsdatum: 24.09.2024
Sprache: Deutsch
Schlagworte: Friedensevangelium, Essener, Schriftrollen, Apokryphen, Qumran

★★★★★

Bestelladresse: https://FB.Joyful-Life.org

The Gospel of Love and Peace

Essene Books I - IV

Jörg Berchem (Hrsg.)

Spiritualität & Esoterik
Hardcover
420 Seiten
ISBN-13: 9783739241692
Verlag: BoD - Books on Demand
Erscheinungsdatum: 31.08.2016
Sprache: Englisch
Schlagworte: Essener, Qumran, Gospel, Essenes, Friedensevangelium

★★★★★

erhältlich als:

| BUCH 29,00 € | E-BOOK 16,99 € |

Bestelladresse: https://GLP.Joyful-Life.org

Der Siebenfache Frieden

Kontemplationen für Universellen Frieden nach dem Friedensevangelium der Eßener

<u>Jörg Berchem</u>

<u>Spiritualität & Esoterik</u>
Paperback
176 Seiten
ISBN-13: 9783754318034
Verlag: Books on Demand
Erscheinungsdatum: 13.07.2021
Sprache: Deutsch
Schlagworte: Essener, Friedensevangelium, Friedensgebete, Friedensmeditationen, Qumran

★ ★ ★ ★ ★

erhältlich als:

BUCH 16,00 €   E-BOOK 5,99 €

Bestelladresse: https://DSF.Joyful-Life.org

Meditationen der Kinder des Lichts

Kommunion mit den Engeln nach dem Friedensevangelium der Eßener

<u>Jörg Berchem</u>

<u>Spiritualität & Esoterik</u>
Paperback
144 Seiten
ISBN-13: 9783741285745
Verlag: Books on Demand
Erscheinungsdatum: 27.05.2020
Sprache: Deutsch
Schlagworte: Essener, Meditation, Schriftrollen, Urchristen, Qumran

★ ★ ★ ★ ★

erhältlich als:

BUCH 16,00 €   E-BOOK 5,99 €

Bestelladresse: https://MKL.Joyful-Life.org

Frieden - Wahre Stärke kommt aus Liebe, nicht Hass

Ein Buch über Pazifismus, Gewaltlosigkeit und Zivilen Ungehorsam

Jörg Berchem

Geistes-, Sozial- & Kulturwissenschaften
Paperback
396 Seiten
ISBN-13: 9783759705440
Verlag: BoD - Books on Demand
Erscheinungsdatum: 16.04.2024
Sprache: Deutsch
Schlagworte: Frieden, Friedenspolitik, Pazifismus, Gewaltfreiheit, Ziviler
Ungehorsam

★★★★★

erhältlich als:

| BUCH 19,99 € | E-BOOK 10,99 € |

Bestelladresse: https://Frieden.Joyful-Life.org

Die Lehren der Essener

Von Henoch und den Schriftrollen vom Toten Meer

Edmond Bordeaux Székely, Dr. Jörg Berchem (Hrsg.)

Gesellschaft, Politik & Medien
Paperback
148 Seiten
ISBN-13: 9783759775535
Verlag: Books on Demand
Erscheinungsdatum: 1.10.2024
Sprache: Englisch
Schlagworte: Essenes, Essener, Qumran, Jésus, Gospel

★★★★★

erhältlich als:

| BUCH 16,00 € | E-BOOK 5,99 € |

Bestelladresse: https://LE.Joyful-Life.org

Meditationen der Kinder des Lichts

Kommunion mit den Engeln nach dem Friedensevangelium der Eßener

<u>Jörg Berchem</u>

Die sieben Morgenmeditationen

Jede Meditation ist ca. 7 Minuten lang.
Zum sofortigen Download als mp3.

Sprache: Deutsch
Schlagworte: Essener, Meditation, Schriftrollen, Urchristen, Qumran

★ ★ ★ ★ ★

erhältlich als:

DOWNLOAD: 7,- €

Bestelladresse: https://MM.Joyful-Life.org

Meditationen der Kinder des Lichts

Kommunion mit den Engeln nach dem Friedensevangelium der Eßener

<u>Jörg Berchem</u>

Die sieben Abendmeditationen

Jede Meditation ist ca. 5 Minuten lang.
Zum sofortigen Download als mp3.

Sprache: Deutsch
Schlagworte: Essener, Meditation, Schriftrollen, Urchristen, Qumran

★ ★ ★ ★ ★

erhältlich als:

DOWNLOAD: 7,- €

Bestelladresse: https://AM.Joyful-Life.org

BÜCHER, MUSIK, VIDEOS
VORTRÄGE, AKTUELLES

BESUCHEN SIE UNSERE WEBSEITE

WWW.JOYFUL-LIFE.ORG

www.Joyful-Life.org